I0474261

ICH

Inspirierende Geschichten und Gedichte für Karrieremenschen

Martina Violetta Jung

ICH – Inspirierende Geschichten und Gedichte für Karrieremenschen

Erschienen im Dezember 2016 und als E-Book via Amazon im November 2016

Martina Violetta Jung – Heilende Geschichten

Kartäuserwall 28d

D-50678 Köln

Cover: Design Kirsten Lenz, Sonnendeckgrafik, Köln.
Bild: Aquarell „UNITY" von Martina Violetta Jung (2015),

ISBN-10: 1540716856
ISBN-13: 978-1540716859

WIDMUNG

Für meine Patenkinder Florian, Felix und Anna. Möget Ihr und Eure Generation mutig dem Drang Eures Herzens folgen. Lasst Euch von keinen rationalen Argumenten von dem Weg abbringen, den Eure innere Stimme Euch als richtig weist. Was Euer Herz vor Freude und Enthusiasmus überfließen lässt, dafür seid Ihr in diesem Leben.

CONTENTS

WER?

Ich will das ...

nicht länger.

Frust und Tränen ...

... immer mehr.

Befreie mich,

aber wer?

Versklavt hat Dich

wer nur, ja WER?

HERZ UND STOCK

Die letzten vierzehn Monate verbrachte ich jenseits des Staubs der Karrierepfade. Die Sorge für meine Eltern veranlasste mich mit 53 Jahren, das tosende Getümmel der Wirtschaftsunternehmen einige Zeit zu verlassen. In dieser, von höherer Hand anberaumten, beruflichen Besinnungspause las ich Gedichte aus der Zeit der Tang Dynastie (618 – 907), einer Phase wirtschaftlicher und kultureller Blüte in China. Gedichte rühren das Gemüt an und lassen uns in die Tiefen des Seins blicken. Die Tang Gedichte malen mit kunstvollen Worten berührende Bilder der *Liebe* zu allen Bereichen und Facetten des Lebens. Ich schlug das Chinesisch-Deutsche Wörterbuch auf, um das Schriftzeichen für *Liebe (ài)* in seinen Bedeutungsbestandteilen genauer zu betrachten. Das Schriftzeichen besteht aus drei Komponenten. Im klassischen Schriftzeichen (愛 - das bis 1949 in der VR China galt), steht das *Herz* (心) in der Mitte, und macht sichtbar, dass die Liebe dem Herzen entspringt. Eigentlich selbstverständlich. In der heute in der Volksrepublik China gebräuchlichen Fassung des Schriftzeichens (爱) ist das *Herz* verschwunden und durch den *Stock* ersetzt. Als ich das entdeckte, erschauderte es mich.

Aber geht es in unserem Berufsleben nicht genauso zu? Wo hat sich der Stock in uns durchgesetzt und das Herz verdrängt? Wo hat sich der Stock und damit die ängstliche Rationalität unserer Arbeit und unserer Ziele bemächtigt und uns zum austauschbaren Produktionsfaktor im unübersehbaren Räderwerk degradiert? In unseren mittelgroßen bis großen Unternehmen treffe ich nur noch selten Menschen, die das, was sie tun, mit ganzem Herzen tun. Die meisten gehen einer Arbeit nach, weil sie Geld zum Leben brauchen. Dabei sind Leben und Arbeit für sie zwei getrennte Paar Schuhe. Sie verkaufen den wesentlichen Teil ihres Tages für die Zeit danach, oder für etwas, das sie sich kaufen wollen. Menschen, denen die Karriere wichtig ist, arbeiten vornehmlich für das, was sie im Arbeitsleben bekommen wollen: Erfolg, eine bestimmte Position, Macht, Einfluss und Ansehen – und in Konsequenz mehr Geld. Das alles hat mit Arbeit als einer Herzenssache nichts zu tun. Hier drischt der Stock (die ängstliche Rationalität) auf den Menschen ein und hindert ihn daran, aus seinem ganzen Wesen heraus begeistert zu leben und sein Tagwerk sinnerfüllt zu gestalten. Mit den folgenden Geschichten und Gedichten möchte ich das Herz wieder zum Pochen zu bringen.

Ihre

Martina Violetta Jung   November 2016

WUNDER DES LEBENS

ICH steh auf dem Erdenball,

das Wunder des Lebens

zu feiern, zu ehren,

es mit mutigem Enthusiasmus

meiner Exzellenz zu nähren.

EINE BEGEGNUNG DER ANDEREN ART

Drei anstrengende Tage Vorstandsmeeting und Road Show bei Investoren in Rom liegen hinter mir. Nun gönne ich mir was. Obwohl ich von Kunst nichts verstehe, die Sixtinische Kapelle wollte ich schon immer mit eigenen Augen sehen. Die Luft ist dezembermorgenkalt als ich durch die kleine Pforte an der Altarwand mit eingezogenem Kopf in die Kapelle trete. Meine Augen suchen nach dem berühmtesten Deckenbild, während ich mir in kleinen Schritten meinen Weg durch die Menschenmenge bahne.

„Kein Mensch wird in diese Welt geboren, dessen Lebenssinn nicht mit ihm geboren wird", sagt die Frau Mitte fünfzig neben mir scheinbar zu sich selbst, mit der ich Seite an Seite unter den dicht gedrängten Menschen und ihrem Stimmengewirr stehe und halsverrenkend an die Decke staune.

„Tschuldigung, wie meinen Sie das?", frage ich aus purer Neugier nach und strecke die Brust raus.

„Schauen Sie doch", sagt sie und zeigt nach oben auf das Deckenfresko, auf dem Gott seinen Finger ausstreckt, um Adam Leben einzuhauchen. „Michelangelo malte, was sich in seiner Seele rührte. Hier drückt Gott sich durch ihn aus und er hat es geschafft, dem nicht im Wege zu stehen." Sie dreht sich zu mir um und schaut mir mit einem warmen Glanz in die Augen. Mit ihrem schulterlangen blonden Haar und den weichen Gesichtszügen wirkt sie wie ein Engel in diesem doch recht dunklen Raum. Ich strecke ihr meine Hand hin. „Gestatten ... , Dr. ... Vorstand der ..." höre ich mich wie von ferne sagen. Ihr Blick wechselt zu mitfühlend. „Ich war auch einmal ein hochbezahlter Hampelmann", sagt sie sanft. Während ich noch nach Luft schnappe, weil ich nicht begreife, wie sie so reden kann, wendet sie sich um und dem Fresko das *Jüngsten Gerichts* an der Altarwand zu.

Ich bleibe verdattert zurück. Eine Männerstimme, deren Atem ich feuchtwarm im Nacken spüre, doziert: „Vor seinem dreißigsten Lebensjahr hat er mit dem *David* und der *Pietà* zwei der berühmtesten Skulpturen der Kunstgeschichte erschaffen. Bildhauer, Maler, Zeichner und Architekt. Kein anderer Künstler hat je ein so umfassendes und facettenreiches Werk geschaffen."

War halt ein Genie dieser Michelangelo, eine Ausnahmeerscheinung, wissen wir doch alle. Ich will weg von dem Mann, da höre ich noch „Michelangelo wusste schon im zarten Alter von 10 Jahren, was er wollte, und er hat sich von nichts und niemandem davon abbringen lassen". Nochmals spüre ich seinen feuchtwarmen Atem im Nacken. Widerlich, weg hier, ich will weg von dem Kerl. Ich trete ein paar Schritte zur Seite wo weniger Menschen sind und denke mit gesenktem Kopf und einem heftig klopfenden Herzen zurück. Ich habe getan was realistisch und vernünftig war. Habe, wie mein Vater es mir riet, Betriebswirtschaftslehre studiert und darin promoviert. ‚Da hast du immer einen sicheren und gut bezahlten Arbeitsplatz', und wie recht er zumindest damit hatte. Und ich habe auf noch Nummer sicherer gespielt und mich bei einem führenden Industriekonzern anstellen lassen. Kam täglich eine Stunde früher und blieb eine Stunde länger als die anderen. Trug meinem Bereichsvorstand Akten und Taschen hinterher, um in seinem Sog mit nach oben gezogen zu werden. Trat in den Golfclub ein, den richtigen zudem, obwohl ich eigentlich lieber mit meinen alten Kumpels aus der Schulzeit bolzen gegangen wäre. Wohne in einem Nobelvorort der Stadt nahe beim Golfplatz. Ich habe es in den Augen der anderen zu etwas gebracht. Sie ziehen den Hut, wenn auch nur innerlich, hoffe ich jedenfalls. Nur Vorstandsvorsitzender steht noch auf meinem Wunschzettel. Plötzlich schüttelt es mich. Warum denk ich jetzt darüber nach? Ich bin hierhergekommen, um die Sixtinische Kapelle anzuschauen. Also, nun aber.

Ich wende mich dem *Jüngsten Gericht* an der Altarwand zu, suche in der Menge nach der Frau von soeben und stelle mich keck neben sie. Verdammt viele, meist nackte oder spärlich bekleidete Männer und Frauen sehe ich auf dem riesigen Fresko. Schmerzverzerrte Gesichter, aufgerissene Glubschaugen, hilfesuchend hochgerissene Arme, Niedergedrückte und Emporgezogene, bang Flehende, sich um einen Platz im Himmel Prügelnde, und einen, den eine Schlange in die Weichteile beißt. Ich muss grinsen. Hätte ich von diesen stock-starr-konservativen Kirchengreisen in pechschwarzer Kluft nicht gedacht, dass sie so etwas bei einem Künstler in Auftrag geben.

Irgendetwas an diesem monumentalen Bildnis zieht mich in seinen Bann. Es sieh so aus, als wäre es an einem Tag aus einem Guss gemalt. „Wie hat der das hingekriegt?", murmele ich vor mich hin. Die Frau wendet den Kopf zu mir und sagt: „Dieses Fresko ist von magischer Art, nicht wahr?" Bevor ich nicken kann fügt sie hinzu: „Je mehr Geister von ihm zehren, desto länger lebt es."

„Sie verstehen offenbar sehr viel davon. Könnten Sie mir ein bisschen was erklären?" Ich reibe mir verschämt die kalten Hände.

„Michelangelo hat zuerst die Fresken an der Decke gemalt und erst 20 Jahre später mit diesem Bildnis des *Jüngsten Gerichts* begonnen. Das Thema ist die Wiedergeburt Christi und sein Urteil über Verdammnis und Erlösung der Menschen. Aber Michelangelo nutzte den Auftrag dazu, die Bewegung nackter Körper und ihre Bewältigung in der Malerei bis in die kleinste menschliche Regung auszuloten. Nackte zu malen, das gab es damals nicht. Das war unerhört, verstehen Sie?" Ich nicke schnell, so als hätte ich es gewusst.

„Schauen Sie auf den Christus." Sie zeigt auf einen bartlosen, muskulösen, überlebensgroßen, machtvoll und nur mit einem Lendentuch bedeckten, gestikulierenden Jüngling in der oberen Bildmitte. „Christus nicht als einen alten Mann mit Bart darzustellen, sondern wie den jugendlichen Apoll in der Antike, das allein schon war ein Skandal für sich. Die Bösartigkeiten hagelten nur so auf Michelangelo hernieder. Nur wenige Künstler verstanden damals, dass er mit diesem Fresko die Malerei in eine neue Epoche katapultiert hatte.

„Und, ist er mit heiler Haut davongekommen?", frage ich immer noch die Hände reibend.

„Als der Sturm der Entrüsteten tobte, beschlossen die Kirchenfürsten, gedrängt durch den kunstsinnigen Papst Paul III., nur die Stellen eklatantester Nacktheit von einem anderen Maler mit Lendenschurzen übermalen zu lassen. So blieb die Genialität Michelangelos erhalten und auch die Späße, die er trieb."

„Späße?", entfährt es mir. „Ja geht denn so was in einem so heiligen Raum?"

„Bei Michelangelo geht das. Schauen Sie hier ganz unten rechts den älteren nackten Mann mit Satansohren, um den sich eine Schlange windet, die ihn in die Weichteile beißt. Das ist das Abbild von Biagio da Cesena, dem Zeremonienmeister, der Michelangelos Arbeit als Kneipenmalerei anfeindete, als er zusammen mit dem Papst die ersten Fresken ansah."

Ich muss herzhaft lachen. Michelangelo hatte offenbar auch einen scharfen Verstand, Weitsicht und verdammt viel Mut.

„Ein Zeitgenosse Michelangelos sagte, Michelangelo

habe sich selbst übertroffen, und zwar sehr weit."

Mein Kopf sinkt nach unten. Habe ich mich je selbst übertroffen, frage ich mich? Wohl kaum. Ich spiele das Business Spiel nach den festgesetzten Regeln der anderen und immer aus der geschützten Deckung heraus. Ich begehre nicht auf, tue nichts, was meinen erreichten Status und meine weiteren Karrierechancen bedrohen könnte. Um die nackte Wahrheit drücke ich mich herum, obwohl genau die auf den Tisch des Konzerns müsste, damit es gerechter und fairer zuginge. Manchmal schäme ich mich abends vor dem Einschlafen dafür, was wir uns so alles mit den einfachen Menschen erlauben.

Ich schaue zum Fresko empor, fasse mir an den Adamsapfel und dann meinen Mut zusammen: „Sie haben mich eben als einen hochbezahlten Hampelmann bezeichnet. Was meinen Sie damit?" Ich schlucke und meine Hände beginnen trotz der Kälte zu schwitzen. Ich fürchte mich vor ihrer Antwort.

„Erfolg im Leben zu haben heißt, sein eigenes gottgegebenes Potential vollständig auszuschöpfen. Wenn Sie Ihren Job als Vorstand mit Ihrem göttlichen Potential erfüllen, dann müssten Sie jeden Tag ganz anders reden und auftreten, nicht wahr?"

Ein Schauer, erst kalt, dann warm, durchläuft meinen Körper. Sie hat recht und wie recht sie hat. Heute bin ich nur ein gutsituierter Motzeprotz. Aber ich lebe nicht mich, ich lebe meine Liebe zu den Menschen nicht, die aus mir strömen möchte. „Danke für die Lektion", sage ich, während ich ihr beschämt meine Hand reiche und zu Boden schaue.

Sie schüttelt sie und strahlt mich an: „Jeden Tag muss eine Wand von uns neugestaltet werden und jeden Tag können auch wir ein Michelangelo sein."

MEIN SPRINGENDER PUNKT

ICH: Mein springender Punkt,
ein Ball, ängstlich umklammert
in meinen beiden Händen.
Werf hoch ICH ihn gen Himmel,
seh all seine Facetten ICH,
springt auf die Erde er zurück,
kann frei er entfalten mich.

RICHTUNGSWEISEND

Wo bleibt denn das Taxi? Ausgerechnet heute muss mein Fahrer krank sein. Ich drehe meine Smartwatch am Handgelenk: 12:35 Uhr. Noch eine Stunde bis der Flieger rausgeht. Das wird eng. Während ich meine Mails am Smartphone zu checken beginne, kommt endlich das Taxi. Ich steige hinten mit der Aktenmappe ein, der Fahrer verstaut meinen Rollkoffer. „Nach Mumbai", sage ich ohne aufzuschauen, als er am Steuer sitzt. „Los treten sie drauf, ich hab's eilig." Nichts geschieht. Aus dem Innenspiegel schauen mich zwei dunkelbraune Augen verstört an.

„Na los doch, fahren Sie schon Mann", sage ich mit gereizter Stimme und böse funkelnden Augen.

„Liegt das hier in der Nähe?", fragt er leise mit einem südländischen Akzent.

„Was?" Ich schüttele den Kopf. „Nein, in Indien natürlich."

„Ahhh ... dann wollen Sie also zum Flughafen. Und das hopp-hopp."

Ich schlüpfte gerade noch so durch das Gate, bevor es schließt und zeige dem Purser außer Atem meinen Boarding Pass auf dem Smarthone.

„1B. Herzlich willkommen. Bitte folgen Sie mir."

Der Fensterplatz 1A ist mit einem Inder besetzt. Ungefähr mein Alter, graue kurze Haare, runde Nickelbrille auf der Nase, graue Flanellhose, weißes Hemd und blauer Wollpulli darüber. Er liest in der Bhagavad Gita. Na, das kann ja heiter werden. Ich räume meinen Koffer in den Overhead Locker und schaue mich um. Ist noch ein anderer bedeutender Manager an Bord, neben dem ich viel lieber sitzen würde? Gibt es noch einen freien Platz neben einer hübschen Frau? Nein, Pech gehabt. Ich lege mir Lesebrille und Tablett zurecht, schnalle mich an.

„Wohl auf der Suche nach Gott, was?", scherze ich zum Inder gewandt. Man will ja nicht unhöflich sein. „Haben Sie ihn schon gefunden?"

Er lächelt freundlich. „Darf ich fragen, wer Sie sind?"

„Mein Name ist Peter Kraft." Ich reiche ihm die Hand und er schüttelt sie.

„Ich verstehe, dass sie Peter Kraft heißen. Das ist ein Name. Aber sagen Sie mir doch bitte, wer Sie sind."

„Ich bin der Vorstandsvorsitzende von ..."

„Das ist Ihr derzeitiger Status", unterbricht er mich sanft.

„Hmm", ich presse meine Lippen aufeinander und reibe mir das Kinn mit der rechten Hand; er hat recht. „Ich denke, ich bin ein Mensch", entgegne ich mit scherzendem Unterton.

„Ein Mensch, kein Vogel oder Fisch. Aber das ist auch nur eine Gattungsbezeichnung. Sie haben mir immer noch nicht gesagt, wer Sie sind."

Ich ziehe meine rechte Augenbraue hoch und verziehe den Mund. „Ich denke ich bin mein Intellekt, mein Körper und mein Gemüt. Ja, das bin ich."

Er schüttelt heftig seinen Kopf. „Nein, nein, nein, ganz gewiss nicht. Das sind Ihre Werkzeuge, mit denen Sie durchs Leben gehen."

„Das müssen Sie mir schon genauer erklären", entgegne

ich, während ich mich am Kopf kratze.

Er dreht sich in seinem Sitz zu mir. „Wenn Sie sagen *mein* Intellekt, *mein* Körper und *mein* Gemüt, dann sind Sie der Besitzer. Richtig?"

„Genau."

„Und die Werkzeuge sind Ihre Besitztümer."

„Richtig."

„Aber wer ist der, der sie besitzt?"

„Hmm." Nun hat er mich erwischt. „Gut", entgegne ich, „Sie haben gewonnen." Ich winke mit der Hand ab. Verlieren gehört nicht zu den Dingen, die ich mag und deshalb will ich das Gespräch hier auch beenden. „Sagen Sie mir, wer ich Ihrer Meinung nach bin und damit ist gut."

„Sie sind das höchste Selbst. Der göttliche Kern all dessen, was Sie soeben beschrieben haben."

„Interessant", entgegne ich gespielt freundlich aber ungehalten und wende mich dem Manager Magazin zu, das vor mir in der Auslage steckt. Der Inder scheint so eine Art Wanderprediger zu sein. Wusste gar nicht, dass deren Geschäfte so gut gehen, dass sie von Frankfurt nach Mumbai 1A reisen können. Mit diesem Phantasten muss ich es jetzt 8 Stunden aushalten. Aber warte, jetzt werde ich mal seine Welt geraderücken und in die Realität zurückholen.

„Wissen Sie, ich leite ein bedeutendes Unternehmen. Zahlen, Fakten, Wissens- und Zeitvorsprung gegenüber der Konkurrenz, das zählt im Kampf um Marktanteile, Renditen, Erfolg und Misserfolg als Unternehmen. Jedes Quartal müssen die Ergebnisse stimmen. Zur inneren Einkehr gehe ich Weihnachten mit der Familie in die Kirche. Das muss reichen."

Er schweigt. Endlich, das Thema ist also erledigt.

Der Purser serviert Drinks. Während ich weiter im Manager Magazin blättere, sage ich ohne aufzuschauen „Champagner bitte".

„Es tut uns leid, dass Sie heute nicht allein sitzen können." Na, das nenne ich Aufmerksamkeit. Die scheinen zu wissen, wer ich bin und was für mich angemessen ist. Ich schaue lächelnd auf. Aber der Purser spricht nicht mit mir. Er schaut über mich hinweg und reicht dem Inder einen Orangensaft.

„Alles in Ordnung", erwidert der und sein Kopf nickt dazu sanft. Dann vertieft er sich wieder in diesen spirituellen Schinken. Kurz darauf steht der Purser wieder da. „Ein Telegramm für Sie, kam gerade über das Cockpit rein." Der Inder nimmt es und bedankt sich artig. Mir ist noch nie ein Telegramm über das Cockpit zugestellt worden. Während des Essens ist der Inder andächtig in sich gekehrt. Ich hingegen schaue den neusten Blockbuster Film, dafür habe ich nur im Flugzeug Zeit. Man muss ja trotz all der Arbeit Zuhause mitreden können. Nach dem Essen ist er wieder in das Buch vertieft. Ich genehmige mir noch einen Whiskey zur Lektüre des Handelsblattes. Als der Inder mal zur Toilette verschwindet, winke ich den Purser heran.

„Sagen Sie, wer ist der Mann und woher spricht der so gutes Deutsch?"

„Einer der erfolgreichsten und innovativsten Unternehmer Indiens. Stammgast auf der Strecke."

Nun bin ich neugierig geworden, also doch kein moderner Wanderprediger. Ich greife nach seinem dicken Schinken und beginne zu lesen. Auf einer der ersten Seiten finde ich eine handschriftliche Notiz.

Mensch - Wünsche = Gott

Was ist das für ein Quatsch. Ich lege das Buch zurück auf seinen Sitz und schaue mir stattdessen auf dem Tablet die neuesten Unternehmenskennzahlen an. Als er zurück ist, kann ich mir eine Frage nicht verkneifen: „Wozu um Himmelswillen lesen Sie dieses Buch?"

„Ich stabilisiere damit meinen Verstand."

„Sie machen Witze?"

„Ganz und gar nicht. Ein unsteter Verstand ist beunruhigt durch die täglichen Veränderungen der Welt. So ein

Verstand ist wie Milch, wässerig und in alle Richtungen auseinander fließend. Ein mäßiges Werkzeug. Ein trainierter Verstand ist stabil wie Joghurt, er läuft nicht wahllos auseinander."

„Komischer Vergleich. Handeln Sie mit Milchprodukten?"

„Nein, ich bin in der Informations- und Kommunikationstechnologie tätig."

„Da braucht man wohl stabile Verbindungen im Kopf", scherze ich.

„Ja, brauchen Sie denn keine?", fragt er mich und rollt die Augen dabei, jedenfalls meine ich, dass er das tut. Ich schweige und schaue weg.

„Wann ist Ihr Verstand klar und stabil?"

Noch so eine Frage. Der gibt wohl keine Ruhe. Ich wende mich wieder zu ihm um. „Wenn die Quartalzahlen stimmen?", antworte ich fragend nach einigem Zögern, denn sicher bin ich mir darüber nicht. Wann soll ich noch Zeit haben, mich mit dem Zustand meines Verstandes zu beschäftigen?

„Und wie lange dauert diese Stabilität an?", will der Inder zu allem Überfluss noch wissen.

„Na ja, nach den Quartalszahlen ist vor den Quartalszahlen."

„Einen Verstand, der nur so kurze Zeitspannen stabil ist, kann ich mir nicht leisten", entgegnet er kopfschüttelnd. „Ich muss richtungsweisende Entscheidungen mit langfristigen Konsequenzen treffen. Gerade schaffen wir viele neue Arbeitsplätze. Ich muss entscheiden wo, in Indien, in Deutschland oder an beiden Standorten?"

„Aber ist es denn nicht sonnenklar, dass Sie sich als Inder für Indien entscheiden? Die Zahlen werden zudem für die billigeren Arbeitsplätze in Indien sprechen."

„Ich suche die richtige Antwort in diesem spirituellen Text." Wieder hält er den dicken Schinken hoch. „Arjuna löst sein Dilemma im Gespräch mit Gott, der ihn die ganze Wirklichkeit sehen lässt. Ich lese und denke nach, bis ich meine ganze Wirklichkeit und ihre schmerzlichen Konsequenzen verstehe."

Nun drehe ich meinen Körper ganz zu ihm. Das will ich jetzt aber genauer wissen.

„Was können Sie in einem hunderte von Jahren alten spirituellen Text finden, das entscheidungsrelevant für Ihre Investition ist?"

„Ich lese die Geschichte von Arjuna, einem Prinzen, einem exzellenten Krieger und Bogenschützen. Er steht vor einem Dilemma. Er muss gegen die andere Hälfte seiner großen Sippe, seine Cousins, um sein Recht kämpfen, das ihm und seinem Familienstamm hinterlistig vorenthalten wird. Unter den Menschen auf der anderen Seite der Kampflinie sind einige, die ihm lieb und wert sind. Er weiß, dass es nicht ohne Tote abgehen wird. Arjuna zweifelt, ob er unter diesen Umständen kämpfen kann und soll und wenn ja, wie."

„Ich verstehe Sie nicht, was hat ihre unternehmerische Entscheidung mit seinem Sippengefecht zu tun?"

„Die erste Frage bei der Investitionsentscheidung ist, wer zu meiner Unternehmensfamilie gehört. Ich bin ein Inder, habe einer Inderin zu Frau genommen und meine Kinder sind Inder. Die allermeisten Mitarbeiter sind Inder."

„Also liegen die Dinge doch klar auf der Hand."

„Aber ich habe auch in Deutschland exzellente und fleißige Mitarbeiter, Lehrer, die mir den Berufsweg gewiesen haben, langjährige Vertraute, gleichgesinnte Weggefährten und verlässliche Geschäftspartner. Wenn ich eine Entscheidung treffe, die für mich selbst und meine Allernächsten keine schmerzlichen Konsequenzen hat, treffe ich schlechte Entscheidungen."

„Wie kommen Sie auf die Idee? Jeder muss doch zuallererst für sich selbst sorgen."

„Wenn ich als Unternehmer unter einer schmerzlichen Entscheidung nicht selbst leide, sondern nur andere, werde ich kaltherzig, rücksichtlos und gierig. Dann bricht die Welt aus den Fugen."

Ich fühle einen Stich im Herzen und greife mir instinktiv an die Stelle, wo es weh tut.

EMPFANGE

In Momenten
tiefer Versunkenheit
öffnet sich das Tor
des Lebens,
empfange ICH tiefe Einsicht.
Hastig im Trott:
Das Tor bleibt verschlossen.

UNSINN UND SINN

„Verdammt", rief Rolf und schlug mit der schwitzenden Hand auf das mit schwarzem Leder überzogene Lenkrad. Heute war ein entscheidender Tag für seinen lang ersehnten Karrieresprung vom Senior Vice President Strategy & Business Development in den Vorstand des Konzerns, und nun steckte er in diesem blöden Stau fest. Er schaute auf seinen Schweizer Chronographen, das teuerste Stück in seiner Sammlung und genau das richtige für heute. Schon 8.23 Uhr, noch sieben Minuten bis zum Beginn des Meetings mit den zwei Vertretern der *Strategic Task Force Next Generation Leaders*. Er drückte auf dem Smartphone den Kurzwahlknopf für seine Assistentin.

„Guten Morgen, Dr. Fuchs."
„Guten Morgen, Petra. Hören Sie zu. Ich stecke im Stau. Rufen Sie Schmidt an und sagen Sie ihm, er möge das mit den Jungspunden allein schaukeln und mich bei ihnen entschuldigen. Ich muss bei der CEO-Ansprache in der ersten Reihe sitzen, das ist alles, was heute wichtig ist. Also fahre ich jetzt entspannt weiter und bin zeitig für den Zehn-Uhr-Event da, um mir den besten Platz zu sichern."
„Das können Sie nicht machen, Chef. Sie haben einigen

jungen Managern erst kürzlich eine pampige Mail geschrieben und sie an ihre Pflichten gegenüber dem Unternehmen erinnert. Das hat bestimmt die Runde gemacht."

Sie hatte recht. „Okay, lassen Sie mich kurz überlegen, wie ich mich da herausmanövriere ..."

„Ich habe den Finanzchef von Indien in der anderen Leitung. Er will Sie höchst dringend sprechen. Kann ich ihn durchstellen?"

„Als ob das jetzt wichtig wäre", murmelte Rolf.

„Was haben Sie gesagt, Dr. Fuchs? Die Verbindung war gerade schlecht."

„Dann stellen sie ihn in Gottes Namen durch."

„Dr. Fuchs, guten Morgen aus Indien."

„Würden sie sich kurz fassen?"

Rolf musste sich immer anstrengen, um dem indischen Akzent des Anrufers folgen zu können. Warum nur hielten die alles in einer Tonlage und kriegten die Zähne nicht auseinander?

„Ich benötige Ihr Einverständnis für die Erweiterung der Produktionslinie in Chennai. Alle anderen haben ihr Okay gegeben. Herr Steiger drängt darauf, nächste Woche mit dem Bau zu beginnen."

„Ich hatte noch keine Zeit, mir den geänderten Investitionsplan genau anzusehen. Nach meinem Verständnis unterscheidet er sich signifikant von dem, den der Aufsichtsrat vor einigen Monaten abgesegnet hat."

„Der einzige Unterschied ist, dass wir die Kosten nochmals um eine halbe Million Euro gesenkt haben. Sie kennen unsere Finanzsituation."

„Ich gebe Ihnen meine Antwort innerhalb der nächsten zwei Wochen."

„Aber Sie haben das Dokument schon mindestens sechs Wochen auf Ihrem Schreibtisch liegen."

Glaubst du wirklich, dachte Rolf bei sich und schüttelte lächelnd den Kopf, *ich lasse meinen Erzrivalen Steiger hier punkten und mir womöglich den Platz im Vorstand wegschnappen?*

„Dr. Fuchs, sind Sie noch in der Leitung?"

„Ja, und ich habe dem nichts mehr hinzuzufügen."

„Ich kann Ihre Antwort nicht akzeptieren", antwortete der andere mit einem Stakkato. „Wenn Sie keinen Weg finden, mir bis morgen Ihr Okay zu geben, muss ich Herrn Steiger einschalten."

„Tun Sie, was Sie nicht lassen können."

Rolf biss die Zähne zusammen, legte auf und rief noch mal bei Petra durch.

„Hören Sie, Petra. Gehen sie gegen neun Uhr dreißig ins Auditorium und platzieren sie eines meiner Leadership-Bücher auf einem Stuhl in der ersten Reihe, um mir einen Platz zu sichern."

„Irgendein bestimmtes?"

„Hmm – nehmen sie *Winning* von Jack Welch."

„Dr. Bergan hat bereits ein Handout für seine Ansprache geschickt."

„Ausdrucken und auf meinen Tisch damit. Ich gehe vom Parkplatz sofort ins Meeting zu Schmidt und den jungen Wilden, aber nur, um mein Gesicht zu wahren. Wo muss ich hin?"

„Herrn Schmidts Büro. Und ich kümmere mich um Ihre Sitzplatzreservierung."

Rolf schätzte seine Petra. Sie erledigte immer zuverlässig, was er von ihr erwartete, ohne dumme Fragen zu stellen. Im Unternehmen exzellent vernetzt, regelte sie für ihn so manches, was eigentlich unmöglich erschien. Okay, sie war ein bisschen bieder für seinen Geschmack, aber irgendwie wehrhaft. Eine geschiedenen Frau Anfang vierzig eben, die allein zwei Teenager großzog, nachdem der Mann sich als Säufer und Schläger entpuppt hatte.

Okay, nun Schmidt, seine rechte Hand, briefen. Er wählte dessen Mobilnummer.

„Guten Morgen, Schmidt, Dr. Fuchs hier. Ich komme deutlich zu spät zu dem Meeting mit den Jungspunden."

„Um wie viel circa?"

„Keine Ahnung. Fetter Stau. Es wird gewiss nicht viel

Zeit bleiben, bis ich wieder aus dem Meeting weg muss, verstanden?"

„Wie möchten Sie, dass ich vorgehe?"

„Was ist das genaue Thema des Meetings?"

„Die *Strategic Task Force Next Generation Leaders* soll Vorschläge ausarbeiten – warten Sie, ich öffne die Mail von Dr. Bergan und gebe Ihnen den exakten Wortlaut – *(1) für neue Wege, wie wir unser Geschäft betreiben und (2) für neue Methoden, wie wir unsere eigene Leistung umfassender bewerten können.*"

„Okay, Schmidt. Heißen Sie die Jungspunde willkommen und geben Sie vor, ihnen nach Kräften helfen zu wollen. Finden Sie raus, was sie bisher erarbeitet haben, aber teilen Sie nichts von den Projekten und Akquisitionen, die wir in der Pipeline haben."

„Aber, Dr. Fuchs, der neue CEO hat ausdrücklich klargestellt, dass den Werten unseres Firmengründers nachgelebt werden muss. Respekt, Transparenz, Ehrlichkeit und Zusammenarbeit sind gefordert bei allem, was wir tun."

Was ging es ihn an, was der alte Zausel zur Zeit der Holzkarren und Pferdekutschen lebte, als er eine kleine Klitsche eröffnete? Wir waren im 21. Jahrhundert, und dies war heute ein Weltkonzern. Hier waren gewiefte harte Hunde vonnöten. Werte, das gab es in Hochglanz-Firmenbroschüren, im Geschäftsbericht und für die Road Shows an den Unis, und da zusammen mit hipper Limonade als Köder.

„Sie müssen mich daran nicht erinnern, Schmidt. Aber eines müssen Sie begreifen: Werte dienen der Show, Taktik dem Erfolg. Wer soll das Unternehmen am Laufen halten, wenn alle Manager rausfliegen, die sich nicht an den Wertekodex halten? Kommen Sie, Schmidt, seien Sie realistisch. Keiner tut das. Der neue CEO hat eine Sonntagsrede gehalten, um die da draußen zu beruhigen."

„Aber haben Sie denn nicht auch beobachtet, wie respektvoll er selbst einfache Mitarbeiter wie Branka Horvart behandelt?"

„Kenn ich nicht."

„Die Küchenmamsell, die die Vorstandsetage täglich mit

Speisen und Getränken aus dem Bistro versorgt."

„Alles Show. Warum sollte er sich mit so unwichtigen Leuten abgeben? Denken Sie doch mal nach, Schmidt."

Der schwieg.

„Hören Sie zu. Wenn ich es jetzt in den neu zu bildenden Konzernvorstand schaffe, werden Sie mein Nachfolger. Wir müssen zusammenhalten, und alles wird sich so entwickeln, wie ich es vor Augen habe."

„Ich verstehe, was Sie meinen."

Rolf grinste über das ganze Gesicht, als er auflegte. Wäre doch gelacht, wenn seine altbewährten Tricks und Schliche ihn nicht zum Erfolg führen würden. Er rieb sich das Kinn und fuhr über seine handgemachte, schimmernd rote Seidenkrawatte, um sie zu glätten.

Das Telefon schellte erneut und unterbrach seine Gedanken, wie er am besten den Blick des CEO während der Ansprache auf sich lenken konnte. Er schaute auf das Display. Seine Frau. Was könnte die noch wollen?

„Susannchen, was gibt's?"

„Du hast deine Pillen vergessen."

„Welche Pillen?" Ärgerlich knabberte er an den Fingernägeln der linken Hand. Der Wagen vor ihm fuhr endlich weiter. Rolf hasste Stop-and-Go – wie im Unternehmen, wenn er die Dinge nicht allein entscheiden konnte. Aber Stillstand wie hier die letzten zehn Minuten auf dem Zubringer, den hasste er noch mehr.

„Die Pillen, die dir dein Hausarzt, am Montag verschrieben hat."

„Es geht heute nicht um meine Gesundheit", antwortete er in ärgerlichem Tonfall. „Dies ist meine beste Chance, es in das Machtzentrum des Konzerns zu schaffen, begreifst du das nicht? Ich habe mir jahrelang den Arsch aufgerissen, um solch eine Gelegenheit beim Schopf packen zu können. Wenn ich es jetzt nicht schaffe, könnte ich bei der nächsten Gelegenheit zu alt sein. Und das hieße, ich wäre für den Rest meiner mühseligen Karriere zwischen Vorstand und Mittelmanagement eingeklemmt. Allein der Gedanke daran macht mich krank … du Idiot." Rolf trat hart auf die Bremse. „Hast deinen Führerschein wohl auf der Kirmes gewonnen?", schnaubte er. Mit knapper Not konnte er einen Aufprall vermeiden, denn der Wagen vor ihm bremste unvermittelt scharf und stand erneut.

„Wenn du meinst …", sagte seine Frau, als ob nichts geschehen wäre, und legte auf.

„Susannchen? Ach, lasst mich doch alle in Ruhe heute Morgen."

Rolfs Nasenflügel bebten, und er verzog den Mund. Würde sie je begreifen, was in einem Konzern wie diesem ablief? Sein Magen schickte einen säuerlichen Teil des Frühstücksspecks mit Rührei die Speiseröhre hoch. *Nein*, dachte er, *ich muss fair bleiben. Sie sorgt gut für mich und unseren Sohn.* Er beschloss, sich zu entschuldigen und ihr nach der Ansprache des CEO eine nette Textnachricht zu schicken. Dann wanderte sein Blick zum Innenspiegel. Der Krawattenknoten war perfekt gebunden und saß, wie es sich gehörte. Sein Hintermann hupte. „Ja, schon gut." Rolf hob beide Arme, um ein „Was regst du dich so auf?" zu signalisieren, trat hart aufs Gaspedal und schoss mit quietschenden Reifen seinem Vordermann hinterher, der schon rund achtzig Meter weiter war.

Er atmete tief aus, startete die Musikanlage und ging die Suchliste der Lieder auf dem Smartphone durch. Er wollte einen Song, der ihn auf erfreuliche Gedanken brachte, während er draußen die Sonne auf dem frischen Grün der Bäume tanzen sah. Ah ja, *Skyfall*, genau was er jetzt brauchte, um zu entspannen. Genießerisch öffnete er die mit schwarzem Leder bekleidet Armlehne seines BMW 5 und nahm die kleine goldene Box heraus, die wie ein Stier aussah. Er entnahm ihr eine der kleinen weißen Pillen und schluckte sie mit weit offenen Augen und einem Lächeln auf dem Gesicht herunter. Als Vorstand würde ihm eine S-Klasse mit Fahrer zustehen. Er stellte sich vor, wie ihn künftig ein schwarzer Mercedes mit cognacfarbenem Leder,

Edelholz-Vertäfelung und allen Extras von zu Hause abholen und in die Konzernzentrale chauffieren würde. Auf dem Rücksitz würde er sich ausstrecken, die Zeitungen lesen und relaxed seine Manager per Telefon in der ganzen Welt herumdirigieren, egal ob Morgenstau war oder nicht. Seine Augen funkelten mit Vorfreude.

Rolf hastete vom Parkplatz durch die riesige Eingangshalle, dann mit dem verglasten Lift in den 17. Stock gleich unter dem Vorstandslevel. Dort den linken Gang bis ganz zum Ende, und rechts hinten die letzte Tür war Schmidts Büro. Der dunkelgraue Teppichboden dämpfte seinen Laufschritt. Erst vor drei Jahren waren sie mit dem Headquarter in das hochmoderne Gebäude mit viel Glas, Stahl, Beton und Licht umgezogen. Rolf hatte wochenlang dafür gekämpft, sein Team auf einem Gang zu haben, aber dafür hätte er auf ein repräsentatives Eckbüro mit Sicht über die Stadt verzichten müssen. Undenkbar. Er betrat das Vorzimmer von Schmidts Büro gehetzt und wortlos und mit einem angedeuteten Nicken zur Assistentin und klopfte dann an Schmidts Zimmertür.

„Dr. Fuchs, großartig, dass Sie es noch geschafft haben. Es bleiben noch dreißig Minuten." Schmidt stand auf und begrüßte Rolf mit gebührlichem Handschlag, sich leicht verbeugend, während die beiden Jungmanager, ein Mann und eine Frau, sitzen blieben und ihn mit hochgezogenen Augenbrauen beobachteten.

Schmidt hatte einen rechteckigen Eichenholzschreibtisch mit vier passenden, stoffbezogenen Stühlen. Nur Senior Vice Presidents und Höheren in der Hierarchie standen die hypermodernen weißen Designertische aus Acrylglas und Lederstühle zu.

„Tut mir leid", sagte Rolf außer Atem. „Ein ungeplantes Vier-Augen-Gespräch mit dem CEO vor dem Topmanagement-Meeting. War nicht zu verschieben."

Er holte Luft und schaute auf seine Armbanduhr, während er sich an den Besprechungstisch neben Schmidt setzte, dem jungen Mann gegenüber.

„Ich muss Sie in zwanzig Minuten spätestens wieder verlassen. Die CEO-Ansprache fürs Topmanagement, Sie verstehen."

Die beiden Jungmanager schwiegen und rollten mit den Augen. Schmidt schaute beschämt zur Seite. In seinen Gedanken saß Rolf bereits in der ersten Reihe des Auditoriums und lachte leicht applaudierend an passender Stelle zu den hoffentlich neuen Witzen des CEO. Der junge Mann begann mit seinen Pianistenfingern auf den Tisch zu trommeln. Die schlanke Frau mit blonden, zu einem Zopf gebundenen Haaren verschränkte ihre Arme vor der Brust und lehnte sich zurück. Sie hatte blaue, magisch funkelnde Augen und Modelmaße, die in ihrem roten Etuikleid wundervoll zur Geltung kamen. *Hmm, die sieht verdammt gut aus*, dachte Rolf genießerisch. *Muss auf meine Liste.*

„Dr. Fuchs, dies sind Herr Herbst und Frau Cunningham. Sie vertreten heute in diesem Gespräch die *Task Force Next Generation Leaders*."

Rolf beugte sich zu dem jungen Herbst vor. „Ich kenne sie. Sie sind BU-Controller bei Steiger, richtig? Ein intelligenter Nerd und der Neffe des Betriebsratsvorsitzenden."

Herbst war ein wohlgewachsener, feingliedriger junger Mann Ende zwanzig mit jungenhaften, bleichen Gesichtszügen. Sein leicht lockiges, braunes Haar gab für sein Alter ungewöhnlich tiefen Falten auf der Stirn frei. Er trug den unter seinesgleichen firmenweit üblichen dunkelblauen Anzug, aber im Gegensatz zu den anderen kein weißes Hemd mit Krawatte, sondern ein buntkariertes Button-down-Hemd mit offenem Kragenknopf. Rolf rümpfte die Nase über diese aus seiner Sicht ungebührliche Kleidung. Aber der neue CEO lebte es ihnen auch noch vor.

„Eines kann ich Ihnen versichern, Dr. Fuchs. Sie kennen mich nicht", sagte Herbst mit nasaler Stimme und einem scharfen Unterton. „Aber ich kann nicht verleugnen, dass Franz Herbst mein Onkel ist und ich in der BU Specialty Chemicals Controller bin."

Rolf würde Steiger bei passender Gelegenheit sagen, er solle seinem Controller einen gewaltigen Einlauf verpassen. An Schmidt gewandt fragte er: „Wie ist Ihr Meeting bisher verlaufen?"

„Keine unserer Fragen wurde beantwortet, wenn Sie das meinen, Herr Fuchs", mischte Herbst sich in sarkastischem Tonfall ein. „Aber es wäre sehr freundlich, wenn Sie sich nun dazu bereitfinden würden."

BlingBling. Eine Textnachricht von Petra. *Es hat nicht funktioniert. Können Sie kurz vor die Tür kommen? Ich warte draußen.*

Rolf fuhr sich mit der linken Hand durch die Haare. „Tut mir leid. Das ist wichtiger." Er stand unvermittelt auf und wandte sich zum Gehen.

„Zu spät kommen und alle anderen warten lassen, um die eigene Wichtigkeit zur Schau zu stellen, und wieder gehen, ohne sich um die eigentliche Aufgabe zu kümmern. Nennen Sie das verantwortliche Führung?", kommentierte Cunningham trocken.

Rolf drehte sich um, warf ihr einen scharfen Blick zu und verließ das Zimmer. Auf dem Gang wartete Petra auf ihn.

„Was soll das heißen, es hat nicht funktioniert? Es ist banal einfach, Petra. In den Raum gehen, Stuhl auswählen, Buch ablegen und den Raum wieder verlassen. Es ist noch knapp eine halbe Stunde bis zur Ansprache. Sagen sie mir nicht, alle Stühle in der ersten Reihe seien bereits von begeisterten Fans des Neuen besetzt. Jeder weiß, dass Dr. Bergan noch nicht berechenbar ist. Wer außer dem CFO, Steiger und mir würde es wagen, dort im Moment überhaupt Platz zu nehmen?"

„Nun, ich konnte das Buch nicht platzieren, weil wir eine neue Art von Chef haben. Und was für hypnotische Augen er hat." Ihre Wangen glühten, die Augen nahmen einen schmachtenden Ausdruck an.

„Petra, zur Sache, bitte", sagte er noch ungehaltener.

„Stellen sie sich vor, Dr. Fuchs, der CEO stand an der

Eingangstür des Auditoriums und begrüßte jeden einzelnen Teilnehmer persönlich. Ich reihte mich in die kurze Warteschlange ein. Er war hinreißend zu mir. Es wusste, dass ich Ihre Assistentin bin. Er kannte sogar meinen Namen, unglaublich, gell? Er fragte, ob er mir behilflich sein könne. Ich gab vor, Sie zu suchen, und er sagte, er hätte Sie heute noch nicht gesehen, würde aber gern eine Nachricht übermitteln, wenn mir das helfen würde. Ich habe höflich verneint. Oder sollte ich ihm sagen, was ich dort wirklich wollte?"

„Sicherlich nicht. Danke, Petra."

Rolf fühlte, wie sich seine Nackenhaare aufstellten. Der Magen meldete sich erneut. Er machte auf dem Absatz kehrt und betrat ohne anzuklopfen und mit zackigem Schritt wieder Schmidts Zimmer. Grübelnd, wie er die Situation bei der Ansprache doch noch managen konnte, setzte er sich auf seinen Stuhl, verschränkte die Arme vor der Brust, verzog den Mund und schwieg. Die anderen drei blickten ihn still und mit hochgezogenen Augenbrauen an. Rolf schaute auf seine Armbanduhr – 9.45 Uhr –, dann beugte er sich vor.

„Wir müssen ein neues Meeting vereinbaren. Aber bevor ich Sie für heute entlasse, gibt es noch eine Sache, die ich in kurzen, aber präzisen Worten von Ihnen wissen möchte."

Er war zu dem Schluss gekommen, dass wenn er schon nicht im Gesichtsfeld des CEO sitzen würde, er vielleicht während der Diskussionsrunde mit Erster-Hand-Informationen von den Jungmanagern punkten könnte.

Cunningham und Herbst wechselten aufmunternde Blicke miteinander.

„Ich habe vergangene Woche vom Personalchef Asien erfahren", fuhr Rolf fort, „dass fünf hochgehandelte Jungmanager aus dem High-Potential-Programm unsere Firma in den letzten vier Wochen verlassen haben. Warum kann Ihre Generation nicht loyal zum Unternehmen stehen? Haben Sie kein Ehrgefühl?"

Cunningham antwortete in scharfem Tonfall: „Wir sind

nicht mehr loyal zu diesem Unternehmen, weil es nicht loyal zu uns ist. Und mit Unternehmen meine ich das Topmanagement, Leute wie Sie." Cunningham hielt ihren Blick auf ihn fokussiert. „Unsere Generation wird weit schlechter bezahlt als die Ihre in jungen Jahren. Wir bekommen Zeitverträge und geringere Sozialleistungen. Von unseren Zukunftsaussichten gar nicht zu reden. All das, weil Ihre Generation vor allem für sich selbst sorgt. Es geht Ihnen darum, Ihre Positionen auszustaffieren, Ihre Rentenbezüge anzudicken und mitzunehmen, was Sie nur können. Wie es den Menschen auf den Rängen unter Ihnen geht und welche legitimen Bedürfnisse sie haben, ist Ihnen unbekannt bis gleichgültig."

„Herr Fuchs", legte Herbst nach, „unsere Generation glaubt daran, dass wir teilen müssen, was für alle reichen muss. Und ..."

„Hören Sie bloß auf", unterbrach Rolf ihn mit zornigem Gesichtsausdruck. „Ich kaufe Ihnen dieses Gerede vom Teilen von Wohlstand und Reichtümern nicht ab. Ich arbeite hart für das, was ich bekomme, und es interessiert mich nicht im Geringsten, andere glücklich zu machen oder sie sich gar gleichwertig fühlen zu lassen. Menschen sind nicht gleich. Allein die Tatsache, dass Sie Mitglied dieser Task Force sind, zeigt, dass Sie besser sind als Ihre Altersgenossen."

„Wir sind davon getrieben, mit unseren Fähigkeiten einen sinnvollen Beitrag zum Ganzen zu leisten, nicht um über unsere Altersgenossen, wie Sie das nennen, *herauszuragen*. Das tun nur Klone ohne eigene Persönlichkeit", hielt Cunningham dagegen.

Was erlaubt die sich? Das musste die junge Dame sein, über die in der Zentrale inzwischen alle tuschelten. *Luder. Dir werde ich es zeigen.*

„Aufgepasst!", zischte Rolf in bitterbösem Tonfall und lehnte sich über den Tisch. „Wir leben in einer Marktwirtschaft. Sie ist bewiesenermaßen allem überlegen, was kommunistische oder marxistische Romantiker je erdacht und in den Sand gesetzt haben, weil sie die menschlichen Antriebe ignorierten. In der Marktwirtschaft herrschen grimmiger Wettbewerb und die Macht des Stärkeren. Weil wir miteinander um das konkurrieren, was es zu verteilen gilt, und uns so auch zu immer neuen Höchstleistungen anspornen, ist es den Menschen stets besser ergangen als der Generation vor ihnen. Aber dazu gehört auch, dass die Besten mehr vom Kuchen bekommen und privilegiertere Leben führen. Lernen Sie, damit zu leben, statt hier rumzufantasieren." Er lehnte sich schnaubend im Stuhl zurück.

„Wir teilen Ihre oberflächliche Definition von Gleichheit und Ungleichheit nicht", hielt Cunningham ruhig dagegen.

Rolf lief rot an. Wie konnte sie es wagen, ihn derart herauszufordern? Er war ein Senior Vice President und sie ein Niemand.

Cunningham setzte sich kerzengerade auf. „In Ihrer Darstellung verschweigen sie das Wichtigste, Herr Fuchs. Die stets größer werdende Zahl der Menschen, die in jeder Generation ihre Gesundheit, ihr Wohlergehen, ihre Zukunft oder gar ihr Leben opfern, damit es einer kleinen Gruppe von Menschen wie Ihnen immer besser geht. Das gilt ebenso innerhalb unseres Konzerns. Hauptsache, Sie steigen in der Hierarchie weiter auf. Wer den Preis dafür zahlt und wie hoch er ist, das ist Ihnen egal."

„Ich habe bei Ihnen keine Lehrstunde in Gleichheit gebucht", polterte Rolf missbilligend und zupfte seine Krawatte gerade.

„Und ich erwarte von Ihnen, dass sie die Höflichkeit besitzen, mich ausreden zu lassen." Cunningham hob lächelnd das Kinn an. „In unserer kapitalistischen Welt ist die Bedeutung von Gleichheit verfremdet worden. Für Leute wie Sie ist Gleichheit gleichbedeutend mit Uniformität und Uniformität mit Mangel an Wertschätzung. Und um Wertschätzung zu kriegen, tricksen, manipulieren, lügen und betrügen Sie, wo immer es Ihren persönlichen Interessen dienlich ist. Der Abgasskandal ist das beste Beispiel dafür. Messwerte falsch protokollieren, Messgeräte manipulieren und Betreiber neutraler externer Messstationen bestechen. Und das Mittelmanagement, das ein Haus abzubezahlen und zwei Kinder in der Ausbildung hat, zieht ängstlich den Kopf ein und führt ergeben aus, was von oben kommt."

Rolfs Handflächen wurden feucht. Er schaute auf seinen Schweizer Chronometer. 9.50 Uhr, Zeit zu gehen. Aber wenn er nun aufstand, würden diese beiden das als Triumph verbuchen, als Schuldeingeständnis gar, und es würde in Windeseile die Runde machen. Das konnte er nicht zulassen.

„Fassen Sie sich kurz, meine Zeit drängt, ich werde vom neuen CEO erwartet."

„Von uns erwartet er gute Arbeit, Herr Fuchs, nur gute Arbeit. Aber ich mache es kurz in Sachen Angst vor Uniformität. Ihr Konkurrenzgehabe auf allen Ebenen belegt nur, wie groß Ihre Angst davor ist, nicht wahrgenommen zu werden. Die Einheit der Menschheit können Sie nicht mehr fühlen."

„Ach ja, und was schlagen Sie Naseweise vor? Soll der neue CEO mich etwa rausschmeißen?", bohrte Rolf erbost nach.

„Wenn es das braucht, damit Sie endlich begreifen, dass es hier um das Ganze und nicht zuallererst um Sie geht", entgegnete Frau Cunningham ruhig.

DURCHSETZEN

Mit Worten als Waffe

kitzele ich Dich aus der Reserve;

ehrlich und unbeugsam.

Hör auf zu lügen, zu streiten, zu argumentieren,

nur für Dein Wohlergehen.

ZEITENWENDE

Der Julimorgen ist heiß und fade. Ich sitze an meinem Schreibtisch und lese alle Tageszeitungen, das Feuilleton wie gewöhnlich achtsamer als alles andere. In schlechten, zumal noch Ferienzeiten, gibt's halt wenig zu tun. In der Mittagspause plaudere ich mit den Mitarbeitern in der Kantine, um sie ein wenig aufzumuntern. ‚Lass gut sein‘, haben die meisten wohl nur gedacht. ‚Die schlechte Stimmung in der Branche wirst Du damit auch nicht ändern.‘ Gegen 15:15 Uhr sitze ich wieder an meinem Schreibtisch und studiere den Spielplan der Philharmonie für die nächste Saison, um geeignete Aufführungen für Kundeneinladungen auszuwählen. Ich will nicht verhehlen, dass ich mir hier selbst den größten Gefallen tue. Als das Telefon klingelt pfeife ich die Ouvertüre zu Rossinis „Die diebische Elster“ im Radio mit. Michelangelo Galeati führt die Berliner Symphoniker gerade zum musikalischen Höhepunkt, da will ich nicht gestört werden. Aber es läutet unablässig, also nehme ich schließlich ab.

„Ihr Besuch aus der Zentrale ist angekommen. Darf ich die Herrschaften zu Ihnen nach Oben begleiten?“

Besuch aus der Zentrale. Ja ist denn schon wieder Quartalsreview und ich habe das ganz verschwitzt? Ich schaue

33

auf meinen Tischkalender. Nein, das konnte es nicht sein.

„Ich lasse bitten", sage ich höflich. Lege auf und springe im selben Moment auf, um Zeitungen und Spielplan von meinem Tisch zu räumen und die Stühle am Besprechungstisch geradezurücken. Da klopft es auch schon. „Herein", sage ich in betont bestimmten Tonfall.

Eine Frau und zwei Männer, die ich noch nie zuvor gesehen habe, alle Anfang vierzig und im gewohnten mausgrau oder nachtblauen Bankerdress Frankfurts, betreten mein Büro. Wir schütteln die Hände, stellen uns vor und nehmen an den vier Seiten des Besprechungstisches Platz, während meine Mitarbeiterin Kaffee, Tee und Wasser serviert. Eine Frau Dr. Gärtner, ein Herr Zimmermann und ein Herr Oblonsky. Was soll ich davon halten?

„Wir wollen es kurz und schmerzlos machen, Herr Schmitz", ergreift die Frau das Wort, die sich mir gegenübergesetzt hat und mir starr in die Augen schaut. Was für eine sinnliche Oberlippe bei so viel Strenge im Gesicht. Ich rücke meinen Stuhl zurück und instinktiv vom Tisch ab, um mein linkes über mein rechtes Bein zu schlagen. Das ist meine Defensivhaltung.

„Die Zentrale hat entschieden diese Filiale zu schließen. Die Zahlen sind in drei aufeinanderfolgenden Quartalen abgesunken und wir sehen keine Anzeichen einer Trendwende. Ihre Kostenstruktur ist zu schwer und Ihre Organisation zu behäbig."

Das weiß ich selber, aber warum soll ich mir das vorhalten lassen?

„Wir haben alles getan, was uns aufgetragen wurde, aber dass die Zinsen auf „0" stehen, haben wir nicht zu verantworten. Auch nicht, dass unser Vorstand für Investmentbanking unsere Geschäfts- und Privatkunden reihenweise in die Arme der Konkurrenz treibt. Unsere Kunden wollen eine solide Bank und keinen Zockerhaufen, der ihr sauer erarbeitetes Geld in Gefahr bringt. Was glauben Sie, was es alles braucht, um unsere Kunden bei der Stange zu halten, während die Bank wegen horrender Strafzahlungen in den

USA in der Presse durchgeprügelt wird? Hm?"

„Ich bin nicht hier, um das mit Ihnen zu erörtern. Im Vergleich zu anderen Filialen mit genau den gleichen Schwierigkeiten, schneiden Sie deutlich schlechter ab und, wie gesagt, wir sehen in den Zahlen nicht, dass Besserung in Sicht wäre.

„Und?" frage ich mit zornigem Unterton, während mir der Angstschweiß aus allen Gesichtsporen tritt. Umsonst machen sich nicht gleich drei Karriere Getriebene auf den Weg aus Frankfurt zu uns.

„Herr Zimmermann übernimmt mit sofortiger Wirkung die Leitung dieser Filiale." Sie deutet auf den hageren Schlacks mit Vollbart zu meiner rechten und der Kerl grinst auch noch breit. „Ich muss Sie bitten, ihm alles dafür Nötige zu übergeben, sobald dieses Gespräch beendet ist."

Ich muss heftig schlucken, mein Herz beginnt zu rasen.

„Was heißt das für Sie persönlich?", meldet sich Herr Oblonsky zu Wort, so als ob er jetzt dran wäre, um mir den Todesstoß zu versetzen.

„Ja, was heißt das für mich?" Ich richte mich im Stuhl auf und rücke nach vorn bis zur Stuhlkante. Immerhin bin ich eins neunzig, kräftig gebaut und lass mich doch von so einem eins siebzig Hämpfling mit schütterem Haar nicht vorführen.

„Für eine Altersteilzeit und Vorruhestandsregelungen sind Sie mit 51 Jahren zu jung, von Rente ganz zu schweigen. Eine andersartige Verwendung sehen wir für Sie nicht. Filialleiter haben wir wie Sand auf Sylt. Da, wo wir Stellen aufbauen, um die Digitalisierung voran zu treiben, brauchen wir Experten, keine Generalisten. Uns bleibt nur, Ihnen zu kündigen und Sie mit sofortiger Wirkung freizustellen." Er greift in seine Aktenmappe, die fein säuberlich vor ihm auf dem Tisch liegt, zieht einen Umschlag heraus und schiebt ihn mir über den Tisch.

„Ich darf Sie bitten, mir den Empfang hier zu quittieren", sagt er während er ein weiteres Blatt hinterherschiebt.

Ich greife mir an die Kehle, ringe nach Luft und Fassung.

Gegen 19: 40 Uhr, nach vier Stunden Übergabe, bin ich Zuhause, zerzaust und wütend. Mir gehen die mich fassungslos anstarrenden Mitarbeiter nicht aus dem Sinn. Als sei die Erde unter uns aufgegangen und wir taumelten kopfüber ins Höllentor. *„Dem Höhepunkt des Lebens war ich nahe, da mich ein dunkler Wald umfing und ich, verirrt, den rechten Weg nicht wieder fand."* So zitiere ich Dante vor mich hin auf dem Weg von der Garage in den Weinkeller und hole drei Flaschen trockenen Riesling. Mit der im Kühlschrank bereits Gekühlten fange ich an mich zu betrinken. Erst läuft mir vor einem Jahr meine Frau weg, zieht bei einem anderen Kerl ein, weil sie, wie sie sagte, ‚genug von Günther dem Ignoranten hat' und lässt mich mit dem Haus und den beiden Kindern im Stich. Und nun zieht mir diese Tussi aus der Zentrale auch noch den Teppich unter den Füßen weg und lässt mich ins Bodenlose fallen. Ich drehe die Stereoanlage auf, um Wagners „Götterdämmerung" zu durchschreiten, laufe mit theatralischen Gesten durchs Wohnzimmer, rechts das Glas in der Hand und links den Taktstock mal sacht, mal heftig schwingend. Abwechselnd kippe ich den Wein runter und durchbohre mit dem Taktstock die Luft, um die imaginäre Gegnerin zu töten.

Etwas rüttelt an mir. „Paps, aufwachen" höre ich die Stimme meines Sohnes Tom. „Was treibst Du hier um Mitternacht besoffen auf der Couch?" Mehr weiß ich nicht mehr. Als ich aufwache, liege ich auf dem Sofa, unter einer Wolldecke und habe einen ziemlichen Brummschädel. Ich schlurfe in die Küche, trinke einen halben Liter Wasser und gehe nach oben, um zu duschen und mich anzuziehen.

Wie jeden Morgen, bevor ich das Haus verlasse, um zur Bank zu fahren, werfe ich einen letzten prüfenden Blick in den Spiegel bei der Eingangstür, richte, falls nötig den Krawattenknoten und die Manschettenknöpfe noch einmal und kämme mir übers Haar. Tom tritt hinter mich, legt seinen prall gepackten Reiserucksack auf dem Boden ab, lehnt dann mit der Schulter gegen die Wand beim Spiegel und blickt mich an. Tom ist Ingenieur und arbeitet bei einem Mittelständler in der Stadt, aber jetzt hat er Ferien.

„Wo willst Du denn hin?", fragt er mitleidig. „Die können jetzt ohne dich. So viel habe ich heute Nacht jedenfalls aus deinem Gefasel begriffen."

Ich atme tief aus und greife mir mit der rechten Hand in den Nacken. Ja, Filialdirektor aus und vorbei. Im Spiegel sehe ich noch aus wie einer. Aber ich bin es nicht mehr. Und ich werde es auch nie mehr sein. Es geht nur noch um die Frage, wie teuer verkaufe ich ihnen mein Fell, während ich schon erschossen am Boden liege.

„Aber ich muss doch was machen, muss doch irgendwo hin?"

„Musst du nicht Paps. Los, geh hoch, zieh aus das Zeug und dann kommst Du in normalen Klamotten in die Küche. Ich mache uns jetzt ein deftiges Frühstück."

„Gut, dass Du da bist, Sohn", flüstere ich, während ich mit hängendem Kopf grübelnd die Treppe hochschleiche. Dabei hatte mir jeder nach dem Abi zu einer Banklehre geraten, das sei so sicher wie Beamter werden, nur dazu hatte ich nicht die richtigen Noten. Seit vier Jahren bin ich Filialdirektor. Das ging wie geschmiert. Mann, große stattliche Erscheinung, freundlich, leicht gebildeter lyrischer Umgangston. Das Geld verdienten wir quasi von allein. Freundlich zu den Kunden sein, darauf achten, dass der Papierkram in der Kredit- und Immobilienabteilung flott und sauber abgewickelt wurde. Mit den wichtigsten Kunden in die Philharmonie zu Konzerten oder zum Essen gehen. War alles klar und übersichtlich. Und jetzt?

Als ich in die Küche komme, duftet es nach frisch gebratenem Frühstücksspeck und Rühreiern mit Lauchzwiebel. Brötchen hatte er im Backofen auch knusprig aufgebacken. An der Kücheninsel war für drei gedeckt. Ich lasse mich auf meinen Platz in der Mitte fallen und gieße mir aus der Kanne Kaffee in den Pott mit meinem Namen.

„Ist Tina auch da?", frage ich unsicher. Gestern bis zu dem Zeitpunkt, ab dem ich nichts mehr weiß, war sie es jedenfalls nicht.

„Kommt jeden Moment."

„Ist die nicht bei ihrem Freund?"

„Bis eben, hat gerade Schluss gemacht."

„Aber ihr Studium hat sie doch nicht geschmissen?"

„Paps, komm runter, deine beiden Kinder sind gut in der Spur."

„Na, Gott sei Dank, wenigstens etwas."

„Jetzt sag ich dir mal wie ich das sehe, Paps." Tom setzt sich zu mir.

Ich nicke nur. Werde mir wohl in den nächsten Wochen noch ganz andere Dinge anhören müssen, vom Anwalt, vom Gericht, von meiner Ex, von Tom und Tina, Kunden und Freunden.

„Ein durch und durch durchschnittlicher Mann wie du Paps kann kein überdurchschnittliches Gehalt mehr aus unterdurchschnittlicher Arbeitsleistung ziehen. Vergiss es, die Zeiten sind endgültig vorbei. Noch mehr Kaffee?"

„Nein, ähem, ich meine ja."

Er schüttet meinen Kaffeebecher noch einmal randvoll. Kann nur gut sein gegen den Brummschädel.

„Rührei und Speck?"

Ich nicke und er packt mir meinen Teller gut voll. Egal, auf meine Figur muss ich jetzt nicht mehr achten.

„Aber sie hätten mir doch früher etwas sagen müssen, oder etwa nicht, Sohn?"

„Was hätten sie dir denn sagen sollen?"

„Hm, weiß nicht."

„Paps, die Zeit in der du einfach nur machtest, was dir gesagt wurde, die Klappe hieltest und irgendwann in eine sichere Rente gingst, ist schon lange vorbei. Jeder kann es in der Zeitung lesen und kommen sehen. Warum sollte euer Unternehmen da eine Ausnahme sein?"

„Ja, warum eigentlich?"

„Es geht nur noch rauf oder runter, wenn du mich fragst, Paps. Entweder du gehörst zu denen, die in dem Teil der Arbeitswelt sind, wo alles immer billiger sein muss, wo du jeden Tag durch billigere Arbeitskräfte, Roboter oder ein Computerprogramm ersetzt werden kannst, oder..."

„Klingt scheußlich."

„Das ist es auch Paps, wenn wir nicht vernünftiger und verantwortungsbewusster werden."

„Und wie geht rauf, ich meine Karriere, in deinem Szenario? In der Hierarchie unseres Unternehmens habe ich ausgespielt."

„Hierarchie und starre Strukturen mit Befehlsempfängern werden immer mehr zerfallen. Unsere Welt ist zu schnelllebig, komplex, doppeldeutig und unsicher, als dass ein paar Häuptlinge an der Spitze ein starres und behäbiges Gebilde noch sinnvoll steuern können. Ein falscher Satz in der Presse, ein Fehltritt irgendwo, eine dicke Sauerei, die rauskommt, und über die Social Media geht ... aus und vorbei, Paps."

„Aber wie dann?"

„Schwarmintelligenz, Paps. Jeder denkt mit, handelt, trägt bei. Ganz viel Eigenverantwortung auf allen Ebenen ist gefragt."

„Hm", grunze ich irritiert zu dem, was mein Sohn da so von sich gibt. Diese Welt kenne ich nicht. Und überhaupt ist sie mir zu unsicher. Ich fische mir noch mehr Rührei und Speck aus der Schüssel, die zwischen uns steht.

„Es sind Menschen mit einzigartigen Ideen, die Mut mitbringen und ihr eigenes Ding machen, um der Welt und den Menschen zu dienen, nicht um möglichst viel Kohle für sich selbst zu scheffeln. Das sind die, die wir jetzt brauchen und die sich vernetzen müssen."

Ich überschlage im Kopf die nackten Zahlen. Das Haus ist fast abbezahlt, Tina, eigentlich ja Martina, ist nächstes Jahr mit dem Psychologiestudium fertig und dann hoffentlich auch nicht mehr am väterlichen Tropf. Drei Jahre werden sie mir wohl zahlen müssen, nach immerhin 33 Jahren in der Bank. Hoffe ich jedenfalls. Aber dann? Nix Haus am Meer, die Wellen leise gegen den Strand spülen hören, das Mondlicht sich bei klaren Nächten in den Wellen spiegeln sehen und träumen. Stattdessen würde ich bald das wilde Brausen meines Kontostandes vernehmen, so rau wie die Schottische See und dazu das Raunen der Engel, die mich einen im Lebenswind zerzausten lyrischen Tölpel heißen. Irgendwann würde diesem Vogel die Kraft ausgehen, dem Wind standzuhalten und er würde in die Wellen stürzen und dann für immer auf dem finsteren Meeresgrund landen.

„Was grübelst Du, Paps?"

„Wie's weitergehen soll."

„Außer dem Job bei der Bank kannst du nichts. Du musst dich neu erfinden."

Er hat recht, den Taktstock zur Musik anderer zu schwingen ist keine Qualifikation mehr, jedenfalls, wenn du kein echter Dirigent bist.

„Was hältst du davon, wenn du für zwei Wochen mit mir kommst, Paps?"

„Mitkommst wohin?"

„Nach Berlin ins FabLap."

„Ins was?"

„In die offene Entwicklungswerkstatt in Berlin. Ein Lab mit Zugang zu High-Tech Werkzeugen wie 3D Druckern, Lasercuttern, CNC Fräsen, Mikrocontrollern, CAD Software, aber auch Handwerkzeug und Holzbearbeitungsmaschinen und fast allen anderen Tools, die man zum Erfinden braucht."

„Aber ich will doch gar nichts erfinden", sage ich und schüttele den Kopf. „Du bist der Ingenieur in der Familie."

„Ich will was erfinden und mich von den anderen Erfindern dort inspirieren lassen. Aber es würde dich gewiss auf andere Gedanken und hoffentlich auch auf Ideen bringen."

„Sorg lieber dafür, dass du deine gut bezahlte Stelle behältst und lass mich in Ruhe, Tom. Ich muss mir einen Anwalt suchen, fürs Erfinden habe ich jetzt keine Zeit."

„Ruf Deinen Kumpel aus dem Karnevalsverein an, bring

ihm das Kündigungsschreiben vorbei, rede kurz mit ihm und ich verschiebe meine Abreise auf Morgen."

„Ich weiß nicht."

„Du glaubst doch nicht, ich lasse dich einfach hier, damit du dich noch mal betrinkst und selbst bemitleidest?"

„Ich weiß nicht."

„Genau das ist dein Problem. Du weißt nicht und kriegst den Arsch einfach nicht hoch. Deshalb hatte Mama auch irgendwann den Kaffee auf."

„Aber was soll ich in einer Erfinderwerkstatt, ich kann doch noch nicht einmal einen Nagel in die Wand schlagen."

Die Haustüre fällt ins Schloss, Tina ist Zuhause. Sie kommt in die Küche, wirft ihre Handtasche und ein Buch auf das Sideboard ab, bevor sie mir und Tom einen Kuss auf die Wange gibt. Aus dem Kühlschrank schnappt sie sich einen Smoothie, eines von diesen ekeligen grünen Dingern mit Grünkohl und Matcha Tee. Sie gießt es in ein Glas und setzt sich auf die andere Seite neben mich.

Ich traue mich kaum, sie anzusehen.

„Wir müssen einkaufen", sagt Tom.

„Mach ich gleich, Bruderherz, und Paps Hemden bringe ich auch in die Wäscherei."

„Das mit den Hemden hat sich erledigt", sage ich kleinlaut.

Sie streichelt mir über den Oberarm, springt dann von ihrem Barhocker runter und umarmt mich.

„Das kriegen wir wieder hin, Paps", sagt sie sanft in mein Ohr, so als sei es das Sicherste von der Welt.

„Wir müssen ihm helfen, sich neu zu erfinden", sagt Tom mit halbvollem Mund. „Mit mir nach Berlin ins Fablab will er nicht." Er macht ein Gesicht, als wolle er noch etwas sagen, hält aber dann doch den Mund und isst weiter.

„Ist nur was für Technikfreaks wie dich."

Sie versteht mich, wie immer, denke ich nur.

„Dann nehme ich ihn mit auf die Via Sancti Martini. Übernachtung für zwei ist eh gebucht und zusammen macht es mehr Spaß."

„Glaubst Du, dass er dazu überhaupt fit genug ist?", will Tom mit einem abschätzigen Blick auf mein Äußeres wissen.

„Nein, aber er wird es auf dem Weg werden."

„Moment mal, ihr beiden, da hab' ich aber wohl auch noch ein Wörtchen mitzureden", sage ich.

„Klar, hast du", sagt Tom. „Aber begreife bitte, dass wir auch unser Leben haben und nicht hier mit dir rumhocken, damit du Trübsal blasen kannst. Die Dinge sind jetzt wie sie sind und du musst nun den Arsch hochkriegen."

„So sehe ich das auch", sagt Tina, so als sei das so klar wie Kloßbrühe.

Für mich klingt das alles nur wie ein fernes, gleichförmiges Rauschen, das aus dem Hintergrund irgendwie an mein Ohr dringt. Nur eines habe ich begriffen: Sie haben sich gegen mich verschworen, wahrscheinlich Textnachrichten hin- und hergeschickt, während ich mich oben umgezogen hatte.

Tina steht auf, holt das Buch vom Sideboard und gibt es mir in die Hand. „Schau dir das mal an, während ich dusche und mich fertigmache. In einer halben Stunde bin ich wieder unten."

„Ok". Tom steht auf und umarmt mich. „Ich muss mich beeilen, mein Zug geht gleich." Und weg waren sie. Tom sieht aus wie ich in jungen Jahren, aber ansonsten kommt er nach seiner Mutter. Sein Gesicht und seine Art zu sprechen, sind von einer freimütigen Ehrlichkeit, die mir immer wieder zu Herzen geht. Und Tina ist ein Ebenbild ihrer Mutter, genauso klug und lebenstauglich wie sie. Beide Frauen haben einen originellen Humor und wenn sie scherzen, verziehen beide dabei verschmitzt ihr Gesicht. Ich gieße mir nochmals Kaffee ein, obwohl mein Herz bereits zu flattern begonnen hat. Egal, was sollte es. Ich muss ehrlicher mit mir werden. Ich bin halt ausgesprochen durchschnittlich und wahrscheinlich hat Tom recht, wenn er sagt, meine

Leistung sei noch weniger als Durchschnitt. Plattfüße, eine Veranlagung zu Diabetes und einen deutlichen Bauchansatz mit fünf Kilo zu viel, bescheinigte der Arzt mir beim Checkup letzten Monat. Vor drei Monaten habe ich das letzte Mal mit einer Frau geschlafen, einer Prostituierten. Mein ausdrucksloses Allerweltsgesicht zieht keine Frauen mehr an. Soll ich mich aufgeben? War's das jetzt? Nein, ich brauche einen Plan.

Ich nehme das Buch zur Hand. Der Pilgerweg des Heiligen Martin verbindet seinen Geburtsort Szombathely in Ungarn mit seinem Grab in Tours, Frankreich. Aus verschiedenen Richtungen Europas kommend, vereinigen sich mehrere Wege ab Paris und führen über Chartres und Vendôme bis nach Tours. Was, rund 900 km, wenn wir den uns nächsten Startpunkt in Deutschland wählen würden? Heiliger Himmel. Das konnte Tina doch nicht ernst meinen. Aber irgendwie hatte ich mir dies selber eingebrockt. Meine Tochter ist am 11.11. geboren, dem Tag des Sankt Martin, der seinen Mantel mit dem Schwert teilte, um einem Armen im Schnee beizustehen. Ob er anschließend selbst nur mit einem halben Mantel bekleidet wie eine Witzfigur aussah, war ihm egal. Teilen und helfen, das konnte der Mann. Und meine Tina auch.

Nun trotte ich neben ihr schon einige Tage auf dem Wanderweg des Heiligen Martin vor mich hin. Zumindest hatte ich sie überzeugen können, nicht schon in Mainz, sondern erst im belgischen Arlon zu starten. Das waren dann immer noch rund 550 km bis Tours und wir schaffen gut 20 km pro Tag. Die erste Woche bis Reims stolpere ich so vor mich hin, in Selbstmitleid ertrinkend, von harten Waden, Mückenstichen, Sonnenbrand und Durst gequält. Die Champagne um Reims entschädigt mich mit einem guten Tropfen. Tina ist meist schweigsam, aber insgeheim wohl froh, nicht allein unterwegs zu sein. Auf der Strecke von Reims nach Paris werde ich schwermütig. Mit jedem Schritt, den wir weitergehen, schmerzt mein linkes Knie mehr und vor meinem inneren Auge sehe ich mich der Arbeitslosigkeit entgegenlaufen und den verächtlichen Blicken in der Stadt ausgesetzt. Vom Jemand zum Niemand. Das würde diese Pilgerreise auch nicht wegzaubern können. In Paris angekommen, bin ich stolz auf mich, die ersten 300 km geschafft zu haben. Der alte Knabe ist also doch noch nicht reif für das Abstellgleis. Mein Körper fühlt sich mit jedem Tag leichter und beweglicher an. Die Knieschmerzen haben sich auch wieder gegeben. Auf dem Wegstück von Paris nach Vendôme haben wir Gesellschaft von John, einem fünfundvierzigjährigen Schotten mit kurzen grauen Haaren, der von hinten im Sauseschritt zu uns aufschließt. Ein erstaunlicher Mann. Vor acht Jahren war er in Paris mit seinem Motorrad schwer verunglückt. Im Krankenhaus hatte man ihm gesagt, er würde nie wieder laufen können und müsse den Rest seines Lebens im Rollstuhl verbringen. John, so erzählt er, wehrt sich mit seinem ganzen Wesen gegen diese Diagnose und bittet Gott, ihm einen anderen Weg zu weisen, als sich zu ergeben. Nach zwei Jahren harter Physiotherapie und, wie er sagt, unbändigem Willen und Gottvertrauen, läuft er wieder. Nun geht er jedes Jahr einen Pilgerweg von Paris aus, um Gott für seine Gnade und Barmherzigkeit zu danken. Nach Santiago de Compostela war er schon vier Mal und nun zum zweiten Mal auf dem Großen Weg des Teilens des Heiligen Martin nach Tours. Ich schätze mich glücklich, mit ihm eine kurze Strecke des Weges Schulter an Schulter gehen zu dürfen. Halten können wir ihn nicht, er geht einfach viel schneller und geübter als Tina und ich.

Die Kathedrale von Chartres ist aus der Ebene schon von weit her sichtbar und sie zieht uns mit ihren bunten Fenstern im Sonnenlicht magisch an. Obwohl ich kein Katholik bin, schwärme ich doch für den Kölner Dom, der mich mit der spirituell reinen Atmosphäre in seinem Inneren fasziniert. Hoffungsvoll laufen wir durch das Portal des gotischen Bauwerkes in Chartres und staunen uns satt. Tina schreitet bedächtig die grauen Steinplatten des Labyrinthes in Gänsefüßchen ab, 12 Meter im Durchmesser in 11 konzentrischen Kreisen und 34 Kehren. Ich schaue ihr andächtig dabei zu, denn ich komme mir lächerlich vor, es ihr gleich zu tun. Ich bin doch kein Kind mehr. OK, sie auch nicht, aber zumindest kann man ihr ihre Jugend noch irgendwie ansehen. Wir haben Glück, heute ist Freitag und während der Sommermonate ist an diesem Wochentag die Bestuhlung weggeräumt, damit die Besucher sich im Labyrinth bewegen und es erkunden können. Ich dachte immer, ein Labyrinth sei ein Irrweg, aber dem ist nicht so. Das Labyrinth in der Kathedrale von Chartres führt Tina auf einem verschlungen und 261,5 Meter langen Weg vom Start zum Ziel, dem Zentrum. Einst hatte dort Theseus den Minotaurus besiegt. Dort verharrt sie einige Minuten, kommt dann freudestrahlend zu mir und flüstert in mein rechtes Ohr: „Jetzt weiß ich, wie es nach dem Studienende mit mir weitergeht. Ich habe meine Berufung erkannt. Los, jetzt bist du dran. Lass den Rucksack bei mir und gehe durch dein inneres Labyrinth."

Zögerlich mache ich mich auf den schwarzen Steinplatten, die das Labyrinth umgeben, auf den Weg zu dessen Eingang. Unsicher schaue ich mich zu Tina um und sie deutet mit den Händen: ‚na los doch'. Mit Schuhgröße 46 setze ich langsam Fuß vor Fuß. Endlos zieht sich der Weg und ich werde ungehalten, als mir ein kleiner Junge fröhlich umeinander hüpfend vor die Füße springt. Als ich ihn schelten will, lächelt er zu mir aus strahlend blauen Augen auf und sagt: „Excusez-moi, monsieur." Sein Lächeln entsteinert mich, nimmt die angsterfüllte Ernsthaftigkeit aus meinen Schrittchen. Ich spüre, ja ich habe das Gefühl, als finde in meinem Kopf ein gewaltiger Umbau statt, ja ich höre gleichsam, als quietsche meine Welt aus ihren gewohnten Angeln, um an die richtige Stelle zu rutschen. Das Lächeln des Jungen muss meines gewesen sein, als ich noch klein war und bevor ich mich im dunklen Wald verirrt habe. Sein Lächeln berührt die Achse in meinem Inneren, um sie wieder an den ihr gemäßen Platz zu rücken. Die Zeit beginnt zu flattern, wie ein Blatt im Wind. Ja, wie ein Blatt im Wind bin ich nun. Ich kenne zwar den Bankenbaum, an dem ich gewachsen bin und gelebt habe, aber nun bin ich ein Blatt im Wind Gottes, und ich brauche seine Gnade und Barmherzigkeit. Ob ich wohl dasselbe Durchsetzungsvermögen wie John mitbringen werde? Immerhin geht es bei mir ja auch irgendwie um Leben und Tod. Ich schreite weiter in Gänsefüßchen zum Zentrum des Labyrinthes. Der Minotaurus war schon tot als ich ankam. Eine wohlig warme Welle durchwallt meinen ganzen Körper. Lachend gehe ich zu meiner Tochter zurück, umarmte sie fest und innig. „Auf geht's", sage ich beschwingt, als ich sie loslasse und schnappe mir meinen Rucksack vom Boden. „Tours und die Welt wartet auf uns."

WELTBILD

In jungen Jahren gewann ich
mein Bild der Welt
und rahmte es mir ein.

Darin zu leben schmerzt.
Beständig stoßen die Zehen
an den Rahmen.

Jetzt hab ich den Rahmen weggeworfen
und mehr Welt
in mein Bild eingeladen.

ICH trete aus,
ICH schreite ein,
ICH starte durch.

SCHNEEFLOCKEN

Das Jahr ist in vier Tagen zu Ende und die Arbeit liegt bis zur letzten Minute aktenknüppeldick. Noch sechs mittelschwere Übernahmen und Umstrukturierungen, die steuerwirksam in diesem Jahr juristisch abgewickelt werden müssen. Ich reibe mir durchs Gesicht, ziehe den kleinen Spiegel aus meiner heißgeliebten braunen Mulberry Handtasche, die links unter meinen Schreibtisch steht und schaue mir in die Augen. Das Make-up kann die tiefdunklen Ränder nicht mehr kaschieren. Mein Rücken schmerzt und ich reibe mir die untere Wirbelsäule mit der rechten Hand, als ob das etwas helfen würde. Sylvester und Neujahr werde ich wohl vor lauter Erschöpfung verschlafen.

„Sie sehen müde aus", sagt meine Assistentin, als sie mit einer Akte samt ausgedruckter Aktennotiz in mein Büro tritt. Sie sagt sonst nie solche Dinge. Als sie die Papiere auf dem Sideboard abgelegt hat, blickt sie aus dem riesigen Panoramafenster, das den Blick auf den Rhein Richtung Süden freigibt. Ich sehe auf und schaue mit ihr. Die Schneewolken hängen tief, Fluss und Himmel fließen grau in grau ineinander. Nur die Silhouetten der Rheinschiffe setzen kleinste rote und weiße Lichtpunkte mit ihren Positionslichtern. Der Schnee fällt in Flöckchen. Dann geht meine Assistentin schweigend wieder und ich wende mich erneut der Akte zu. Aber ich kann mich nicht konzentrieren. Kaffee muss helfen. Ich gehe raus in die Pantry und mache mir einen doppelten Espresso mit der großen Bürokaffeemaschine für Kaffeejunkies. Die andere Partnerin der Kanzlei kommt rein, Dr. Christiane Reif. Wir haben häufiger miteinander zu tun. Sie ist Arbeitsrechtlerin, wurde ein Jahr nach mir Partnerin. Bei Unternehmensübernahmen und Umstrukturierungen arbeiten wir eng zusammen. In der Regel werden die Geschäftsführer durchgetauscht, Leute entlassen, Sozialpläne müssen verhandelt werden. Aber Ihre Honorare sind geringer. Sie musste noch viel härter kämpfen, um die finanzielle Hürde zur Partnerschaft zu schaffen. Aber es half, dass sie aus gutem Hause kommt. Aber wir beide sind Partner zweiter Klasse, wenn es ums Mitreden und Informiert werden geht. Als Frauen gehören wir nicht zum inneren Zirkel der Partner, die beiläufig wesentliche Entscheidungen einstielen, während sie zusammen Zigarre rauchen und Whiskey trinken.

Frau Reif nimmt eine der vorgewärmten Espressotassen, stellt sie unter den Brühkopf und drückt zweimal auf den Knopf für Ristretto. Wir lehnen gegen die Anrichte, trinken und schweigen uns an. Unser Verhältnis ist kollegial freundlich, aber wir fühlen auch eine Rivalität, die auch noch von den Männern geschürt wird. Sie flüstern uns beiläufig zu, wer von uns beiden im letzten Monat mehr erwirtschaftet hat. Neulich ranzte uns der neue Managing Partner auf dem Gang an, als wir dort ein paar Worte wechselten: „Sie wollen doch hier wohl keine Gesprächstherapiegruppe eröffnen." Die meisten der zweiundzwanzig männlichen Partner sind OK, scheue und intelligente Arbeitstiere, aber ein paar faule Äpfel reichen und ein ganzer Korb ist von Fäulnis betroffen. Christiane Reifs Vater war im Vorstand eines Versicherungskonzerns. Sie hatte schon Designerhandtaschen, Jil Sander Hosenanzüge und Hermes Schals in ihrem ersten

Jahr als angestellte Anwältin. Nur ihr jugendliches Aussehen verriet damals, dass sie noch keine Partnerin der Kanzlei sein konnte. Mein Vater war Mechaniker bei der Eisenbahn, meine Mutter arbeitete als Näherin. Als Ruhrpottarbeiterkind musste ich mir die guten Kleidungsstücke und Assesscoirs quasi vom Mund absparen. Aber ich wollte mithalten, von Anfang an, nicht nur an Leistung, auch äußerlich. Wir haben beide geblutet, um in dieser Kanzlei voller Männerriten und -maßstäben Partnerin zu werden. Auch jetzt, wo das Geld fließt, zahlen wir noch Jahre lang an die Seniorpartner. Aber ich fühle Genugtuung, es über alle Hindernisse geschafft zu haben. Ganz allein in Köln, aus eigener Kraft.

„Das ist ein sehr hartes Jahr", seufzt sie, tief ausatmend, und blickt über den Rand der kleinen Tasse ins Leere.

„Wie geht es Ihrer Mutter?" will ich wissen. Sie bangt seit zwei Jahren immer wieder um ihr Leben. Der Vater ist schon länger tot.

„Die Blutwerte von letzter Woche sagen, sie wird es dieses Mal nicht schaffen ... Sie weiß es und hat aufgegeben." Ihre Hände beginnen zu zittern, ihre Tasse fällt auf die Anrichte. Sie zieht ihre Hände vors Gesicht und beginnt zu schluchzen. Ich nehme sie in den Arm. Das habe ich noch nie getan.

„Kommen Sie mit zu mir ins Zimmer", sage ich spontan. „Wir machen die Tür zu und reden von Frau zu Frau." Sie nickt und wir gehen in mein Büro. Ich rücke die beiden Stühle, die vor meinen Schreibtisch auf Besucher warten, nebeneinander vor die große Glasfensterfront, greife zum Telefon, bitte meine Assistentin in der nächsten Stunde nicht zu stören und schließe die Tür ganz fest. Schweigend sitzen wir eine Weile nebeneinander. Ich nehme meinen Mut und ihre Hand, halte sie, so wie man die einer Freundin hält, die ganz viel Trost braucht. Tränen kullern mir aus den Augen. Ich habe meine Mutter noch. Sie lebt wie eh und je in Duisburg Wedau, im mausgrauen Eisenbahnerviertel gleich bei der Regattabahn. Aber ich sehe sie fast nie, esse fast nie mit ihr, lache fast nie mit ihr - die Arbeit geht immer vor. Dafür ist sie stolz auf mich, erzählt den Nachbarn, dass aus mir Frau Doktor geworden ist. Ich habe es aus den kleinen Häusern mit niedrigen Decken und knarrenden Mansardenböden vom Anfang des letzten Jahrhunderts hinaus in die Welt geschafft.

Das Grau des Rheinwassers und der Luft erscheinen mir noch trauriger geworden zu sein. Viele große weiße Flocken fallen, fallen wie von weit. Nur ein einziges Binnenschiff ist noch in der Fahrt, seine Lichter sind kaum zu erkennen.

„Wieviel wiegt eine Schneeflocke?", fragt Frau Reif und reibt sich die Tränen mit der anderen Hand aus dem Gesicht.

„Eigentlich nichts", entgegne ich.

„Am Weihnachtstag saß ich mit meiner Mutter in ihrem riesigen Wohnzimmer auf dem Sofa und wir schauten zu, wie die Flocken Stunde um Stunde auf Gras, Sträucher und Bäume im Garten fielen. Irgendwann machte es *knack,* wir zuckten zusammen, ein Ast des größten Baumes war gebrochen."

Ich muss schlucken. Bin ich dabei hier zu zerbrechen? Ist sie dabei zu zerbrechen? Ich denke das und sie vielleicht gerade auch, aber ich wage nicht, zu fragen. Wir sitzen noch eine Weile Seite an Seite. Dann dreht sie sich auf dem Stuhl zu mir, nimmt meine beiden Hände in ihre und sagt: „Danke, ich hätte es früher wissen sollen, welch einfühlsame Frau sie sind. Es tut gut zu wissen, dass es Sie hier gibt. Wollen wir Du sagen?" Ich nicke nur. Wir stehen auf und umarmen uns. Sie geht gefasst zurück in ihr Büro, auf der anderen Seite des Gebäudes mit Blick auf die Straße, nicht auf das Wasser. Teil der Hackordnung der Kanzlei. Ich wende mich auch wieder meiner Akte zu, dankbar meinem Impuls gefolgt zu sein, meine weiche Seite gezeigt zu haben.

Am Sylvester Nachmittag gegen drei erreicht mich eine Textnachricht von ihr. „*Sie ist für immer gegangen. Mir zieht es den Boden unter den Füßen weg.*" Ich fange spontan an zu weinen, erst rollen einzelne, dicke Kugeln, dann ein ganzer

Sturzbach. Ist es mein Mitgefühl? Ich kenne ihre Mutter doch gar nicht. Oder ist es das schlechte Gewissen meiner Mutter gegenüber, die jetzt allein in ihrer kleinen Wohnung hockt und wahrscheinlich auf mich wartet? Oder ist es der Druck der letzten Monate, der sich gerade entlädt? Ich weiß es nicht und eigentlich ist es mir auch egal. Als ich mich gefangen habe, texte ich ihr: *„Würde es Dir helfen, wenn ich käme?"*

Wir trinken Earl-Grey aus Meissner Porzellantassen mit rosa Rose und Goldrand. Die passende Kanne dazu steht auf dem Stöfchen, Milchkännchen und Zuckerdose daneben. Augen, Hand und Gaumen fühlen sich geschmeichelt. Ich habe noch nie eine solch dezent und geschmackvoll eingerichtete alte Villa mit riesigem Gartengrundstück von innen gesehen. Altes Eichenparkett im Fischgrätmuster verlegt, edle warmrote Perserteppiche mit kleinesten Ornamenten, prachtvolle große Ölgemälde mit alten und modernen Seemotiven in kräftigen Blautönen, geschwungene Sitzmöbel aus Nussbaumholz mit beigen Stoffen bezogen und leuchtend bunten Seidenkissen verschönert. Ich fühle mich behaglich, aber nicht Zuhause. Diese Welt kenne ich nicht.

„Ihre letzten Worte zu mir waren: *Versprich mir, dass Du Dir Dein Leben zurücknimmst.*"

Meine Augen werden feucht. „Wie hat sie das gemeint?", frage ich.

„Ich bin ein Einzelkind, aber nicht der Christian, den mein Vater sich erhofft hatte. Er hat es nie gesagt, aber ich habe es immer gespürt. Ich bin Anwältin geworden, das war in seinen Augen respektabel, Arbeitsrecht sagt mir zu. Aber verglichen mit den anderen juristischen Spezialgebieten in der Wirtschaft war es immer ein Minus. Nicht gut genug. Ich habe immer um seine Liebe gerungen, aber sie doch nie erlangt. Meine Mutter hat im Stillen darunter gelitten. Sie stammt aus einer alten wohlhabenden Familie mit Stammbaum. Mein Vater hatte eine respektable Position in einem wichtigen Unternehmen, aber nie Geld und Ansehen genug, um da mitzuhalten. Schon irgendwie tragisch. Nun sitze ich hier, habe die Familienvilla von Mutterseite geerbt und noch so einiges mehr. Ich bin materiell mehr als versorgt, aber glücklich bin ich nicht. Zu den Freundinnen von früher habe ich den Kontakt verloren. Nach dem Studium haben sie geheiratet und bekamen Kinder. Ich habe Karriere gemacht. Da gingen uns bald die Gesprächsthemen aus. Den Mann fürs Leben habe ich weder in der hiesigen guten Gesellschaft, noch bei Mandanten oder unter Kollegen gefunden." Mir schnürt es den Hals zu, mein Herz pocht heftig. Es geht mir genauso wie ihr, nur das ich materiell nicht versorgt bin, weit davon.

„Wir beide haben es in der Männerwelt geschafft, aber zu was für einem Preis?", konstatierte sie mit traurigem Unterton.

„Ich musste mir beweisen, dass ich mehr wert war als die Zukunft, die man einem Arbeiterkind aus Duisburg zugesteht. Ich wollte von Kindesbeinen an ein Leben, in dem ich nicht nur daran gemessen wurde, aus welchem Elternhaus ich komme. Deshalb bin ich weg aus dem Ruhrgebiet. Auch meine Jugendfreundinnen verstehen mich nicht mehr und ich sie nicht. Der Mann, der zu mir passt, zu dem ich passe, bisher Fehlanzeige. Nur kurze Beziehungen und danach war das Tal um so tiefer und die Arbeit um so willkommener. Ich habe Dich immer beneidet, ob Deiner Handtaschen, Seidenschals, Kostüme, Mäntel."

„Das habe ich befürchtet. Es ist eine Barriere zwischen uns, nicht wahr?"

„Nicht mehr. Ich wäre wohl wie Du geworden, hätte ich in Deiner Familie um Liebe ringen müssen, statt in der Welt um unvoreingenommene Chancen."

„Die Kanzlei ekelt mich an Kerstin. Ich gehe schon lange mit Widerwillen dort hin."

Wieder muss ich tief schlucken. „Mir geht es auch so.", entgegne ich aus tiefster Seele.

„Schau", sie zeigt in den Garten. Dort tummeln sich

Eichhörnchen um Erdnüsse und Vögel um Sonnenblumen-
kerne. „Meine Tante Sophie hat auch daran gedacht. Sie
sorgt immer für alle."

„Wer ist Tante Sophie?"

„Die jüngere Schwester meiner Mutter, meine liebste Patentante und der Rebell in der Familie."

Der Anblick der Tiere gibt mir ein warmes Gefühl ums
Herz. Scheint eine liebe Frau zu sein, ihre Tante.

Es schellt an der Tür. Sie schaut mich fragend an und
geht hinaus, um zu öffnen. Ich höre eine energiegeladene
Frauenstimme und Schritte, die zurückkommen. Eine zier-
liche ältere Dame mit zwei Tellern in Alufolie umwickelt, in
jeder Hand einen, betritt freundlich grüßend das Wohnzimmer. Sie trägt braune Lederstiefel mit einer dicken Krepp-
sole, einen dunkelgrünen Wollrock und einen dicken roten
Rollkragenpullover mit einer dezenten Goldbrosche in der
Form eines Blattes. „So holst Du Dir den Tod Tante Sophie. Warum hast Du keinen Mantel an?" „Nicht für die
paar Schritte Liebes." Dann schreitet sie zielstrebig in die
Küche, setzt die Teller dort ab und kommt mit ausgestreck-
ter Hand und einem warmherzigen Ausdruck im Gesicht
auf mich zu. Christiane stellt mich als ihre liebe Kollegin
und neu gewonnene Freundin Dr. Kerstin Adolphs vor. Ich
schüttelte ihr die Hand. Mit ihren funkelnden grünen Augen
und dem sich kräuselndem grauen Haar sieht sie eigenwillig
und heiter aus. Sie fordert uns auf, etwas Handfestes zu essen, frisch gemachten Kartoffelsalat mit Frikadellen hat sie
gebracht. Nach einer kurzen Weile verabschiedet sie sich.
Ich bleibe zu Kartoffelsalat, Frikadellen mit Löwensenf und
zwei Kölsch.

Auf dem Weg nach Hause durch verschneite Straßen,
mit Kindern, die bereits Knaller und Raketen abfeuern, weiß
ich plötzlich, dass ich eine Freundin gefunden habe und,
dass ich meine Mutter dringend sehen muss. Um 20.00 Uhr
liege ich im Bett, schlafe aus und fahre am anderen Morgen
mit nur zwei Espresso und einer Banane im Bauch durch

Eis und Schnee zu ihr nach Duisburg. Ich habe mich nicht angekündigt. Als sie vorsichtig die Wohnungstür öffnet, um zu sehen, wer da ist, schießen ihr die Tränen in die Augen. Wir umarmen und herzen uns. Die Wohnküche ist ihr Lebensmittelpunkt. Das alte dunkelgrüne Sofa mit durchgesessenen Sprungfedern an der langen Wand, ein klapprig alter Esstisch mit drei Stühlen und losen Sitzkissen drauf stehen davor und dahinter eine Küchenzeile, Spüle, Herd, Kühlschrank, alles bejahrt und leicht vergilbt. Sie holt die schöne Kaffeekanne aus dem Vitrinenschrank im Eck, dann Filter, die Filtertüten und den Aldi Kaffee aus dem Hängeschrank über der Spüle. Ich decke den Tisch mit dem guten Kaffeegeschirr. Auf dem Tisch stehen frisch gebackene Krapfen.

„Hast Du mich erwartet, Mama?"

„Nein, nur gehofft."

Ich muss schlucken. „Du hast mir gefehlt Mama."

Wir drücken einander noch einmal. Halten uns eng umschlungen fest, geben uns Halt und so schmerzlich vermisste Nähe.

„Ich bin viel zu selten bei Dir", sage ich mit einem riesen Schuldgefühl im ganzen Körper.

„Aber Kind, Deine Arbeit geht immer vor."

„Nein Mama, nicht wirklich, aber das beginne ich gerade erst zu verstehen. Mein Erfolg ist traurig und leer. In meinen Leben ist viel zu wenig Liebe."

Der Kaffee duftet herrlich, die frischen Krapfen schmecken nach unbeschwerten Mädchentagen und wir erzählen von meinen Streichen im Gemüsegarten am Bahndamm.

Ich bin neben Christianes Assistentin die einzige aus der Kanzlei, die zur Trauerfeier für die Verstorbene eingeladen ist. Die von der Toten gewünschte Seebestattung haben Christiane und Tante Sophie allein an der belgischen Küste vorgenommen. In den lokalen Zeitungen, in der FAZ, der ZEIT, der Süddeutschen und der Welt gab es mehrere großformatige Traueranzeigen. Kein Partner in der Kanzlei hat registriert, dass es sich um ihre Mutter handelte, hat bemerkt, wie es um Christiane steht. Rund zweihundert, sämtlich gut gekleidet Damen und Herren, geben der Verstorbenen die letzte Ehre. Die Trauerfeier findet morgens um elf im Ballsaal eines renommierten Hotels der Stadt statt. Ein großes Foto aus jüngeren Jahren zeigt die Verstorbene als eine elegante, ernste Frau. Tante Sophie hält eine der drei Trauerreden. Sie sagt: „Die Macht, die Galaxien zusammenhält, fügt auch weise unsere Lebenszeit und -umstände. Wir glauben, dass ohne das krampfhafte Steuern unseres Egos alles im Chaos versinken würde, aber ohne das Ego wäre alles Liebe. Wir brauchen mehr Liebe, dass hätte sie sich gewünscht." Bei diesen Worten läuft mir eine Gänsehaut über den ganzen Körper. Christiane ertrinkt in Tränen, schüttelt Hände, wird in den Arm genommen. Ich stehe bei ihr, nehme sie beim Arm. Nach dem Umtrunk nimmt Tante Sophie uns beide bei den Händen und sagt: „Und ihr beiden Hübschen kommt jetzt mit zu mir nach Hause. Ich muss mit Euch sprechen."

„Warum macht Ihr Euch nicht zusammen mit einer Kanzlei selbständig?", will sie ohne Umschweife wissen, als wir bei einer Tasse Tee am Esstisch Platz genommen haben. „Das Elternhaus von Christiane steht leer. Zu groß, um drin zu wohnen, aber gerade richtig für eine gemeinsame Kanzlei mit besten Aussichten auf Freude und mehr."

Christiane und ich schauen uns mit großen Augen an.

„Ihr seid jetzt Anfang vierzig. Nun wird es höchste Zeit für den Zustand berauschender Unbekümmertheit." Ich horche auf, rücke auf dem Stuhl ganz nach vorn, so als sei ich nun gefordert. „Ich habe Euch beide beobachtet und bin zu der Überzeugung gelangt, dass ihr Schluss machen müsst, mit überwacht, patronisiert, kritisiert, begut- und beschlechtachtet zu werden, von wem auch immer."

„Aber Tante Sophie?"

„Nein, nicht ‚aber Tante Sophie'. Du weißt, dass ich recht habe Christiane. Dein Vater ist schon lange tot, Deine

Mutter ist nun auch nicht mehr. Zeit, dass Du mit allem aufräumst, was Du nicht bist, nie warst und sein wollest. Nutze Deine Möglichkeiten. Und für Kerstin gilt das genauso. Hört auf, Euch selbst zu peinigen. Meint Ihr, ich hätte keine Augen im Kopf?"

Ich strahle die alte Dame an und dann denke ich an den Partnervertrag der Kanzlei, den wir beide unterzeichnet haben. Mein Kopf sinkt nach unten und mein Mut in die Hose. „Es geht nicht", sage ich mit hoffnungslosem Unterton in der Stimme, beuge mich nach vorn und raufe mir mit beiden Händen durch meine langen braunen Haare. „Wir haben unsere berufliche Zukunft an die Seniorpartner verkauft. Wir kommen da nicht raus und wenn, dann nur gegen Abstandszahlungen von exorbitanten Summen über viele Jahre."

Tante Sophie springt auf ihre Füße. „Pappalapapp. Das wollen wir doch mal sehen." Ihre Augen blitzen auf und über das ganze Gesicht ergießt sich eine kämpferische Freude. „Ich wette, Ihr marschiert da nächsten Monat für immer raus, ohne einen Cent Abfindung zu zahlen."

„Schön wär's Tante Sophie, aber wir haben keine Verhandlungsposition, die das ermöglichen würde."

Sie grinst lausejungenhaft über das ganze Gesicht. „Aber ich. Wozu habe ich acht grandiose Patenkinder, alte Freunde und beste Beziehungen. Lasst Tante Sophie nur machen."

Ich begreife gar nichts, außer dass sie es nur gut mit uns beiden meint.

„So, und nun geht, schaut Euch die Villa aus den Augen von zwei Kanzleigründerinnen an und entwickelt eine Vision, wie ihr arbeiten wollt, für wen und vor allem auch, wie ihr ein Leben haben wollt. Ich sehe Euch zum Abendessen hier zurück und dann erkläre ich Euch meinen Schlachtplan."

Wir gehen hinüber zur Villa, Freude durchströmt meinen Körper in warmen großen Wellen. Sollte es das Leben so gut mit mir meinen können? Kann ich hier meine Minderwertigkeitsgefühle loswerden? Ich bin nicht reich und aus gutem Hause. Innerhalb einer Stunde sind wir uns einig, was uns wichtig ist, wie wir das angehen wollen, was wir dazu brauchen: Wenn, ja wenn wir nur frei wären von den Fußfesseln, die wir uns selbst angelegt haben. Bei Käsebroten, einem frischen grünen Salat mit Tomaten, Champignons und einem Glas Weißwein begreife ich langsam, was für ein Kaliber Tante Sophie ist.

Die Stunde der Wahrheit ist gekommen. Christiane und ich sitzen mit Tante Sophie in der Mitte vor dem Managing Partner der Kanzlei, der sich schon von seiner Körpersprache herablassend männlich und impertinent gibt. Er ist Anfang fünfzig, eins siebzig groß, leicht viereckiges Gesicht mit dicken Lippen, Hornbrille und kreisrundem Haarausfall. Er ist beleibt und trägt einen weithin sichtbaren Siegelring aus seiner LLM Studienzeit in den USA an seinen dicken Fingern.

Feixend lehnt er sich zu uns über den Besprechungstisch vor: „Sie wissen meine Damen, dass Sie die Kündigung des Partnervertrages äußerst teuer zu stehen kommen wird. Und natürlich werden Sie diese Kanzlei erst zu dem Zeitpunkt verlassen, an dem ich es für richtig halte und all ihre Mandate bleiben selbstverständlich auch hier. Man verlässt diese Kanzlei nicht. Diese Kanzlei sagt, wer gehen muss. Das haben Sie scheinbar nicht begriffen." Dann lehnt er sich genüsslich in seinem Sessel zurück, biegt die Rückenlehne bis ganz nach hinten und verschränkt die Hände zynisch grinsend hinter dem Kopf.

„Sie irren sich junger Mann", fährt Tante Sophie ihm in die Protzparade. „Ich nehme die beiden Damen gleich jetzt mit mir, samt Akten, Möbeln und was sonst noch dazugehört und Sie unterzeichnen uns eine kurze Auflösungsvereinbarung der Partnerverträge, die auch festlegt, dass es keine künftigen Zahlungen der Damen an die Partnerschaft geben wird und die Mandanten selbst entscheiden, ob sie bleiben oder mit den beiden gehen." Tante Sophie öffnet ihre leicht abgeschabte Lederhandtasche, zieht die vorbereitete Vereinbarung in drei Ausfertigungen heraus und reicht sie ihm über den Tisch. Er beugt sich zum Tisch vor, liest, sieht unsere beiden Unterschriften auf dem Dokument und beginnt schallend zu lachen. „Sie müssen übergeschnappt sein. Glauben Sie, es gibt in unserer Welt einen Verhandlungsbonus für alte aufmüpfige Mütterlein?" Er lacht nochmals schallend und kann sich kaum wieder beruhigen.

Tante Sophie zieht ihr Handy aus der Handtasche, betätigt eine Kurzwahl und sagt: „Es ist wie Du gesagt hast, er nimmt mich nicht ernst und lacht mich auch noch verächtlich aus. Lasst es bitte zweimal kräftig auf diese Kanzlei hernieterschneien. Vielleicht begreift er dann, dass ich in diesen Dingen keine Scherze zu machen pflege." Sie beendet das Gespräch, steckt das Handy wieder ein und strahlt den Managing Partner an. Der ruckelt auf seinem Stuhl hin und her, zupft sich die quergestreifte Krawatte zurecht und reibt sich dann mit dem Finger mehrfach zwischen Halsansatz und dem zu eng sitzenden Hemdkragen. Dabei grinst er verunsichert zurück. Christiane und ich setzen ein siegessicheres Pokerface auf. Zugleich läuft mir der Schweiß am ganzen Körper herunter, so nervös bin ich. Aber das kann er Gott sei Dank nicht sehen. Tante Sophie tut so, als ob nichts geschehen wäre und schminkt sich die Lippen nach.

Plötzlich klopft es heftig an der Tür und ohne ein „herein" abzuwarten stürmt der für alle Immobilienrechtsfragen endverantwortliche Partner mit entsetztem Gesicht und einem Fax in der Hand ins Zimmer.

„Was treiben Sie hier? Mein größter Immobilienmandant entzieht unserer Kanzlei mit sofortiger Wirkung alle Mandate. Sie sollen gerade ein Familienmitglied schwer beleidigt haben. Sind sie wahnsinnig?"

Der Managing Partner wird kreidebleich. Bevor er etwas sagen kann, steht ein zweiter Partner im Zimmer, baut sich breitbeinig auf, die Hände in die Lenden gestützt.

„Wollen Sie mich ruinieren, Mann? Mein wichtigstes

Mandat für das neue Jahr ist futsch. Der Mandant beendet die von mir mühsam über Monate aufgebaute Beziehung zu unserer Kanzlei, weil Sie gerade seine Patentante in impertinenter Art und Weise ausgelacht und geschmäht haben sollen."

„Ja, mich", flötet Tante Sophie selbstbewusst süffisant und hebt die Hand.

Der Managing Partner fängt an zu husten, sein Kopf wird puterrot. Er steht auf, weist mit dem Finger auf die Tür und prustet in Richtung der beiden Herren: „Die Unternehmenspolitik der Kanzlei bestimme immer noch ich. Über Ihre Beschwerden reden wir später und jetzt bitte, stören Sie mich nicht länger."

Die Herren verlassen widerwillig murrend das Zimmer. Vor der Tür sind weitere Stimmen zu hören. Tante Sophie greift erneut zum Handy.

„Jetzt ist Frau Holle dran. Wir brauchen leider auch den Schneesturm, der Herr hier ist begriffsstutzig", sagt sie nur und legt auf. Dann lächelt sie den Managing Partner freundlich an und trinkt einen Schluck aus ihrem Wasserglas.

„Ich bin mir nicht sicher, junger Mann, ob Sie im Moment noch zu dumm oder zu borniert sind. Die ersten beiden Schneeflocken werden sie mehrere Millionen Euro kosten. Aber wenn jetzt gleich Frau Holle ihr Bettzeug kräftig schüttelt, dann bin ich mir nicht so sicher, ob Sie diese Kanzlei heute Abend noch als Managing Partner und mit heiler Haut verlassen werden."

Ich reibe mir unter dem Tisch vor Freude die Hände. So hätte ich auch schon länger gerne Kontra geben wollen. Hut ab, Tante Sophie, diese Ansprache hätte ich so cool nicht hingekriegt. Der Managing Partner schwitzt dicke Wassertropfen auf seiner Stirn. Er steht auf, wendet sich zum Fenster um und zückt sein weißes Taschentuch, wohl um abzutupfen. Seine Halsschlagadern pulsieren weithin sichtbar, er stiert aus auf dem Fenster und atmet schwer. Draußen fallen Milliarden dicke, schwere feuchte Schneeflocken aus tiefhängenden grauen Wolken. Nach einer Minute setzt er sich wieder, zückt seinen Kugelschreiber aus der Brusttasche, unterzeichnet alle drei Ausfertigungen und schubst zwei davon verächtlich Richtung Tante Sophie. Sie steckt die Dokumente in ihre Handtasche, lächelt freundlich, greift zum Handy, wählt und sagt erfreut: „Danke es ist nicht mehr nötig, dass Frau Holle sich die Stufen hinauf zum Bettzeug bemüht." Der Managing Partner sackt in seinem Stuhl zusammen, zieht den Krawattenknoten auf, öffnet den obersten Hemdknopf und schnappt wie ein Fisch nach Luft, den man aufs Trockne geworfen hat.

Wir drei verlassen lächelnd die Kanzlei, Tante Sophie überglücklich in der Mitte untergehakt. „Tante Sophie, Du hast ein Wunder vollbracht", sagt Christiane euphorisch. „Nein, nein, meine Liebe, das ist Gottes Vorrecht. Ich habe nur Liebe, wenn auch mit Vehemenz, dorthin getragen, wo Einschüchterung und Angst dominieren. Seid versichert, Gottes Plan der Liebe funktioniert immer, nur der Managing Partner hier glaubt noch, er könne den Lauf der Welt bestimmen." Unsere beiden Sekretärinnen kündigen am gleichen Tag. Wir eröffnen die Kanzlei *Reif & Adolphs* in der Villa mit Garten und Eichhörnchen, Yogazimmer, wechselnden Bildern junger Malerinnen und Maler an der Wand, einem Programm für abendliche Lesungen und Kleinkunst einmal im Monat sowie der Patenschaft für eine Schule in einem Problemviertel der Stadt.

Jetzt ist es an uns zu beweisen, dass wir ohne Schneeflocken auskommen können.

SCHRITT FÜR SCHRITT

Schweigend duldend ist vorbei!
Prüfend, was doch möglich sei,
poch ICH an die kleine Pforte,
höre hoffnungsfrohe Worte.
Umhülle sie in sachter Eile
in ein großes Blatt aus Seide.
Wohlig warm darin gewickelt,
all mein Hoffen täglich prickelt.
Mutig vorwärts, Schritt für Schritt,
lebensfroh bei jedem Tritt,
sprühen Sonnenfunken auf,
kraftvoll prasselnd ist ihr Lauf,
regnen auf die Welt hernieder
nunmehr meiner Seele Lieder.

STADT UND MAUERN

Es ist Martinsabend gegen Mitternacht. Die Geschäftser-
gebnisse des dritten Quartals und die Abverkäufe im Okto-
ber sagen, wir werden das beste Ergebnis unserer zwanzig
jährigen Firmengeschichte als Internethändler einfahren.
Thomas, mein Geschäftspartner, und ich hatten das nicht
erwartet, strahlen einander mit funkelnden Augen an. Er
drückt mir ein Kuss auf die Wange und sagt: „Mädchen, das
feiern wir, zusammen mit den Mitarbeitern beim Weih-
nachtsabend. Aber heute Abend wir beide erst ganz allein."
   Als wir zu zweit anfingen, war alles unsicher. Wir dreh-
ten jede Mark drei Mal um, bevor wir etwas ausgaben, wuss-
ten häufig nicht, ob und wie es weitergehen sollte, ob wir
die Miete würden bezahlen können. Aber wir haben an uns
und unsere Geschäftsidee geglaubt. Und jetzt? Wenn die
Ergebniszahlen dieses Jahres der Maßstab wären, müsste er
in seinem besten Anzug und ich in meinem schönsten Kleid
im vornehmsten Restaurant der Stadt bretonischen Hum-
merschwanz, Côte de Bœuf mit Trüffeljus und Brioche mit
Orangenblüten essen. Aber es ist uns nach der ungezwun-
genen Einfachheit der Anfänge. So sitzen wir am Abend am
Holztisch eines Brauhauses in die Altstadt. Wir trinken Bier,
Thomas mehr davon als ich, schwelgen in Rheinischem

Soorbrode mit Rosinen, Kartoffelklößen und Apfelkom-
pott, erzählen Blödsinn und lachen herzhaft laut über all unsere Misserfolge der letzten Jahre. Zur schon lange geplan-
ten Weihnachtsfeier kurz vor Heiligabend, beschließen wir,
werden wir unsere Mitarbeiter überraschen, nicht nur mit
einem guten Essen und persönlichen Geschenken wie sonst
auch. Dieses Jahr soll es für jeden etwas ganz Besonderes
geben.

Müde und entspannt schlendern wir nun angesäuselt
durch die mit Kopfstein gepflasterte engen Gassen, um
noch etwas von der kalten Luft in unsere Lungen zu saugen,
bevor wir jeder ein Taxi nehmen und in unseren Häusern
saumselig in den Schlaf sinken.
Achtlos weggeworfene Pappschalen mit Pommes Frites
oder Pizzaresten und leere Cola-Dosen kegelt der Wind
durch die vom Nieselregen schimmernden Gassen. Die lee-
ren Bierflaschen, die noch wirklich Pfand bringen, hat
schon irgendwer auf der Suche nach ein paar Cent aufge-
sammelt. In einigen Hauseingängen kampieren Obdachlose.
Das ekelt uns beide an, vor allem, wenn hie und da noch der
Geruch von Urin dazukommt.

Plötzlich sehen wir vor uns eine hünenhafte Gestalt, her-
untergekommen gekleidet, zottelige graue Haare quellen unter einer tiefschwarzen Mütze hervor. Der Kerl lehnt links
vor uns an der Hauswand, genau dort wo die Gasse am
schmalsten wird und schwach beleuchtet ist. Nun löst er
sich aus dem Schatten der Hauswand, tritt in die Mitte der
Gasse und geht langsamen Schrittes vor uns her. „Ein un-
gemütlicher Zeitgenosse", flüstert Thomas. „Lass uns etwas
Abstand halten. Man weiß ja nie, wozu die fähig sind." Ich
nicke nur, mache instinktiv kürzere Schritte. Der Hüne
stoppt, steckt die Hände in die Taschen, beugt sich vor. Wir
stoppen auch und ich fühle, wie mein Magen sich zusam-
menkrampft. Rauch steigt um seinen Kopf auf. Er muss

sich eine Zigarette angezündet haben. Langsam geht er weiter. Wir folgen mit etwas mehr Abstand. Unsere Augen suchen, ob eine Gasse rechts oder links abgeht, um hier weg zu kommen.

„Der stinkt bestimmt widerlich. Wenn er es schon im Leben zu nichts gebracht hat, Anstand könnte er wenigsten haben", kommentiert Thomas und reibt sich unruhig das Kinn. Ich schweige, stecke meine Hände in die Manteltaschen und reibe mir die feuchtkalten Finger darin. Während sich die Ledersohlen unserer Schuhe mit jedem Schritt voller mit Wasser saugen und leise quitsch-quatsch Geräusche von sich geben, erfüllt der Widerhall der klobigen Stiefel des Hünen eindringlich die Gasse. Etwas weiter vorn erspähe ich rechts vor einem Hauseingang im Halbdunkel eine noch ärmlicher wirkende Gestalt auf dem Boden kauernd. „Wo sind wir hier nur hingeraten? ", raunt Thomas und bricht jäh ab.

Der Hüne bleibt genau vor dem anderen stehen und kramt in seinem Lumpengewand nach etwas. „Vorsicht", sagt Thomas und hält mich am Arm zurück. „Vielleicht eine Falle, vielleicht ist er auch bewaffnet." Ich bleibe erstarrt stehen und stiere auf die Szene vor uns. Mein Herz rast und es gefriert mich am ganzen Körper. Der Hüne zieht die Hand aus seiner rechten Manteltasche, beugt sich aus der Hüfte zu der sitzenden Gestalt vor und legt ihr etwas in die Hand. Im Schein einer Hauseingangslampe sehen wir ein unendlich dankbares Gesicht, verschmutzt und vom Wetter gegerbt. „Ist alles was ich habe Kumpel, nimm nur!", sagt der Hüne und geht gemächlich rauchend weiter. Die sitzende Gestalt sieht ihm hinterher. Als wir an der in eine graublaue Felddecke gewickelten Gestalt vorbeigehen, erblicke ich in seiner Hand einen 10 Euro Schein und ein paar Münzen. Tränen rinnen aus seinen Augenwinkeln. Ich muss schlucken, schäme mich abgrundtief und bleibe vor dem alten Mann stehen.

„Es ist naß, kalt und spät. Was machst Du noch hier?",

frage ich. Er hockt auf einem Stück feuchter Pappe. Langsam öffnet er den Mund und eine Fahne von billigem Schnaps weht mir entgegen. Seine Kleider stinken nach Stadtstreicher. „Schlafen", haucht er so gut es der Alkohol und die braunen Zahnstummel im Mund wohl noch zulassen." Thomas fragt leise: „Hast Du denn kein Zuhause, keine Frau?" In einem kaum verständlichen Kauderwelsch brabbelt er „Krebs ... arbeitslos ... Mietschulden ... im Knast gewesen ... Frau aus Gram gestorben ... niemand mehr ... allein" und die Tränen rollen ihm in dicken Kullern dabei übers Gesicht.

Mir schnürt es den Hals zu. Ich muss schlucken und ringe nach Worten während ich erschaudere, über meine und seine Hilflosigkeit. Thomas zückt seine Geldbörse, drückt ihm einen Hunderter in die Hand und sagt: „Steh auf, geh in ein kleines Hotel, dusche, schlafe warm und trocken, und Morgen isst Du ein gutes Frühstück. Dann sieht die Welt schon wieder besser aus." Thomas zieht mich am Mantelärmel weiter.

„Die Politiker haben total versagt, sie halten unsere Gesellschaft nicht zusammen", sagt er schließlich mit Wut in der Stimme. Ich bleibe stehen und ich schaue beschämt zu Boden.

„Und wir?", frage ich stockend. „Du weißt ganz genau, dass kein Hotel ihn rein lässt, auch wenn er hundert Euro auf den Tisch legt."

Thomas lässt den Kopf sacken. „Ja, weiß ich. Hab wohl nur mein Gewissen beruhigt."

Schweigend macht sich jeder von uns auf den Weg nach Hause. Am anderen Morgen sitzen wir mit betrübten Gesichtern beim Kaffee zusammen. Thomas hat die Nacht nicht geschlafen, ich auch nicht wirklich.

„Die Stadt ist menschlich in einem schlechteren Zustand, als wir sie von unseren Eltern übernommen haben. Wie wollen wir sie an unsere Kinder übergeben?"

Ich habe keine Antwort.

„Wir müssen was machen!", sagt Thomas mit ernster Stimme.

„Einverstanden, aber dann lass uns heute gleich damit anfangen, und zwar die ganze Firma."

OFFENER SEIN

Ich arbeite und schlafe
im Schutz meiner Mauern.
Glück und Leid bauen
sich Mauern.
Meine sind aus Stein,
die der Armen aus Gestank.
Warum gibt es Wege,
die andere nicht kommen,
die ich nicht entgegengehe?
Habe ich an der falschen
Stelle gerackert, gehofft?
Draußen vor meiner Mauer
sitzt, liegt jemand
durchnässt, kalt und allein.
ICH kann offener sein,
lade ihn wieder ins Leben ein.

WER IST DIE FRAU, DIE SO ETWAS SCHREIBT?

Die Weichen waren gestellt, dass ich mein Berufsleben in einer namhaften Wirtschaftsrechtskanzlei in Hamburg mit Fusionen, Übernahmen und Chinamandaten zubringen würde. Ein Burnout mit 32 verhinderte das Gott sei Dank. Die Chinesische Ärztin, die meinen Körper mit Akupunktur und widerlich schmeckenden medizinischen Tees wieder in einen funktionstüchtigen Zustand führte, sagte damals zu mir: „Sie haben Ihre Mitte verloren." Ich wusste genau, was sie meinte, aber ich wollte es nicht hören. Nach zehn Jahren Ausbildungsweg als Juristin in vier Ländern, an drei Universitäten und mit einer praxisrelevanten Promotion, war ich zu der festen Überzeugung gelangt, es mit Fleiß und harter Arbeit zu etwas gebracht zu haben. Ich wollte nicht hören: „Lass los und fang neu an." Nein. Aber ich musste anerkennen, dass mein Körper aus der Balance war. Seine inneren Abwehrmechanismen ignorierend, trieb der Kopf ihn an. Mein Herz und einige Organe machten das nicht länger mit. Neun Monate ging ich mit massivem innerem Widerstand gegen die Einsicht und Existenzängsten schwanger. Ich suchte nach Wegen, mich vor dem Unausweichlichen zu drücken.

Gehen und neu anfangen, oder bleiben? Was sind meine Alternativen? Das habe ich mich in den folgenden 20 Jahren wiederholt an Kreuzungspunkten meiner eigenen Wahrhaftigkeit fragen müssen: als Marketing Direktorin für Europa und anschließend als Geschäftsführerin einer ausländischen Tochtergesellschaft eines deutschen Konzerns; als Vorstandsvorsitzende eines belgischen Mittelständlers; als Leadership- und Integrationscoach sowie als Aufsichtsrätin in Unternehmen in Belgien, Deutschland und Luxemburg.

Die Kernaufgabe meines Lebens und eine mich zutiefst ergreifende Gemütsregung zwangen mich wiederholt zu einer Standortbestimmung mit Richtungskorrektur.

Einerseits bin ich beseelt von dem Wunsch, die mir in die Wiege gelegten Gaben zu erkennen, zu entwickeln und zum Wohle aller zu nutzen. Das kann das Leben von mir erwarten. Warum sonst wäre ich hier auf der Erde und in diesem Leben? Immer, wenn ich spürte, dass ich von meinen Gaben abwich, weil ich mich den Wünschen und Erwartungen anderer beugte, oder mein Umfeld es mir schlicht unmöglich machte, sie zu leben, war es an der Zeit, die richtungsweisende Frage erneut zu stellen und zu handeln.

Andererseits geriet ich in Unternehmen immer wieder in Situationen, in denen ich mich abgrundtief schämte. Zu schämen forcierte mich, genauer hinzusehen, und wo immer es ging, Veränderung weg vom Stock und hin zum Herzen in meiner Arbeitsumgebung bewirken zu wollen. Als Geschäftsführerin habe ich mich einmal einen ganzen Tag in meinem Büro versteckt, weil ich nicht wagte, Mitarbeitern und Kunden noch unter die Augen zu treten. Wir rangen mit den Kunden um jeden Cent, beschrieben die Blätter im Büro auch von der Rückseite, kürzten den Mitarbeitern Sozialleistungen und dann schwebten die Vorstände aus dem Headquarter für eine Kundenveranstaltung mit dem Privatjet ein, verlangten Luxuslimousinen, alle in gleicher Farbe, was es zusätzlich verteuerte, und der Vorsitzende brach das Dinner für 150 Kunden nach dem Hauptgang ab, weil er unbedingt seine Lieblingszigarre rauchen wollte. Als Aufsichtsrätin habe ich mich aus dem letzten Unternehmen mit den Worten verabschiedet, dass „ich mich für die Leistung, die wir als Gremium abliefern, schäme und dass wir das Geld nicht wert sind, dass wir bekommen". Nach der Sitzung sagte einer der älteren Herren unter vier Augen zu mir: „Sie können nicht gehen. Wer hält jetzt noch dagegen? Wer sagt jetzt dem Vorsitzenden noch die Wahrheit?"

„Ich erhebe weiter meine Stimme und sage, was ich zu sagen habe, aber anders!" Statt einen wesentlichen Teil meiner Zeit damit zu verbringen, einzelnen Unternehmern, Managern und Unternehmen in ihrer Entwicklung zu helfen, möchte ich Hundertausende erreichen, die Herzensnahrung brauchen, um wieder aus ihrem ganzen Wesen heraus begeistert zu arbeiten und ihre Fähigkeiten zum Wohle aller einsetzen. Der Zeitpunkt dafür könnte besser nicht gewählt sein. Das Jahr 2016 hat unsere Arbeits- und Unternehmenswelt vielerorts aus den Angeln gehoben. Industrieskandale reihen sich aneinander. Der einst krisensicher erscheinende Arbeitsplatz bei einem Giganten der deutschen Wirtschaft ist keiner mehr. Die Digitalisierung der Unternehmenswelt schreitet mit großen Schritten voran und wir können erahnen, wie viele dabei auf der Strecke bleiben werden, wenn der Stock weiter regiert und das Herz schweigt. Das weltpolitische Gefüge ist seit der Präsidentenwahl in der USA verrückt, die wirtschaftlichen Mauern der Angst werden wieder hochgezogen. Viele begreifen, dass wir vor einem gewaltigen Wandeln stehen, den niemand genau vorhersehen kann. Was liegt da näher, als zum Sichersten überhaupt zu greifen, was uns zur Verfügung steht: Uns selbst und mit all unseren Gaben, die uns einzigartig machen. Um sie zu leben, müssen wir unserem pochenden Herzen mutig folgen.

Über meinen Blog www.martinaviolettajung.de und

meine Website www.heilendegeschichten.de können Sie auf
dem Laufenden bleiben und mir schreiben.

Ihre
Martina Violetta Jung

EWIGE KRAFT

Mächtige,

geheimnisvolle,

ewige Kraft

drängt am Band der Zeit

ins Ungelebte mich.

Sanft, entschlossen,

sicher, heiter,

so beherrscht

geh ICH ins

Ungewisse weiter.